150 junior Wortsuchrätsel

Gedächtnistraining

SPIELANLEITUNG

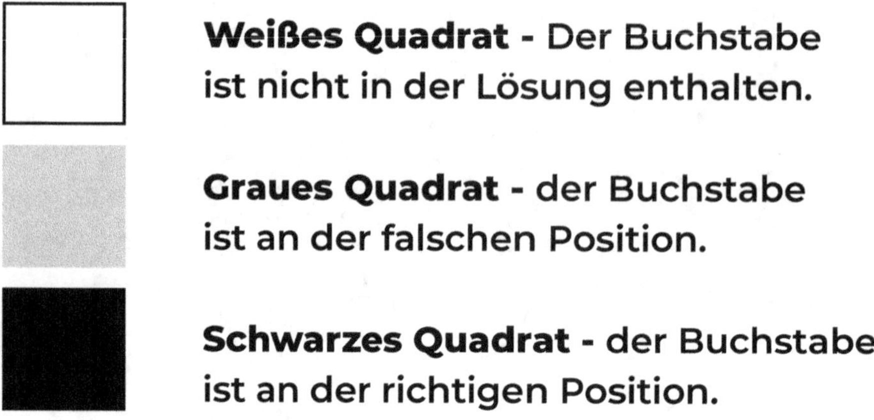

Weißes Quadrat - Der Buchstabe ist nicht in der Lösung enthalten.

Graues Quadrat - der Buchstabe ist an der falschen Position.

Schwarzes Quadrat - der Buchstabe ist an der richtigen Position.

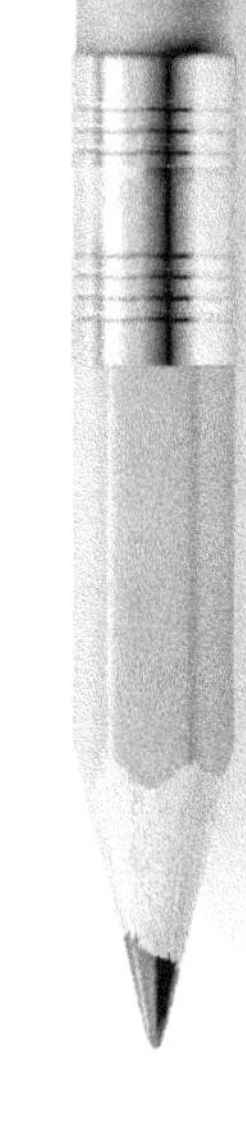

Streichen Sie die Buchstaben durch, die nicht in der Lösung enthalten sind.

Zu jedem Rätsel findest Du auch Hinweise in Form von Themen wie Tiere, Pflanzen, Essen, Sport usw.

PUZZLE 1.

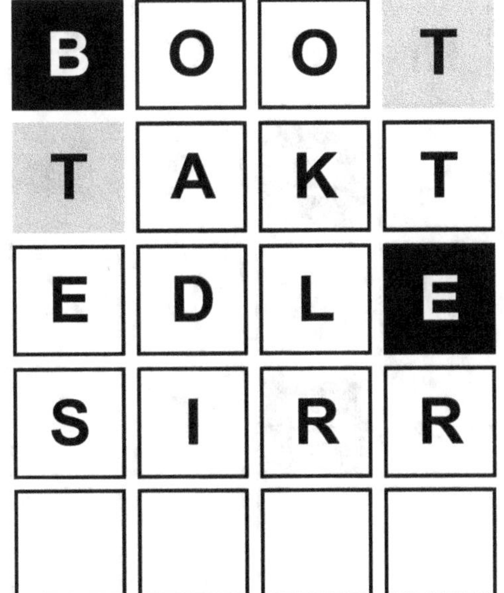

PUZZLE 2.

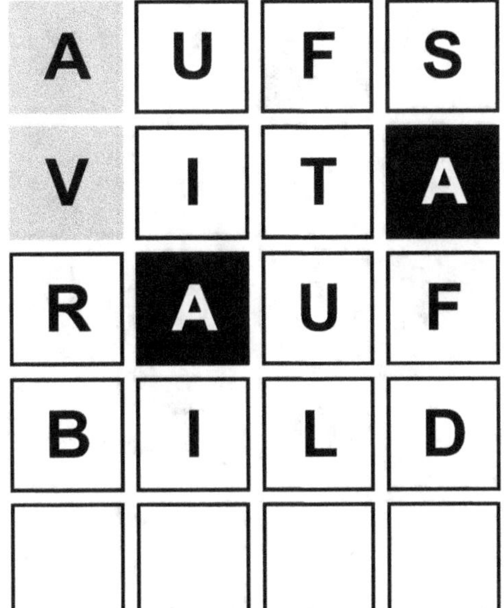

PUZZLE 3.

PUZZLE 4.

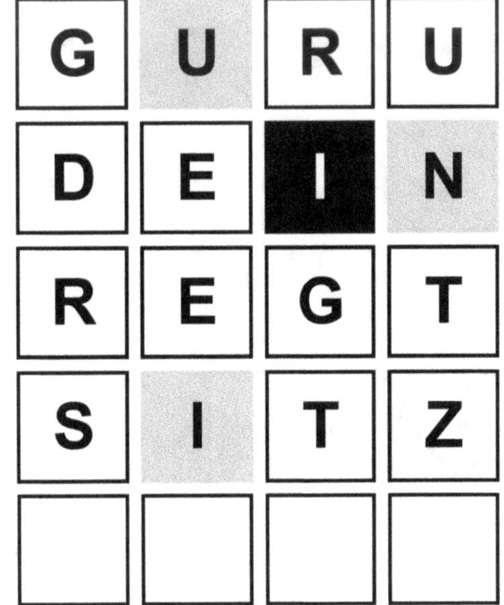

PUZZLE 5.

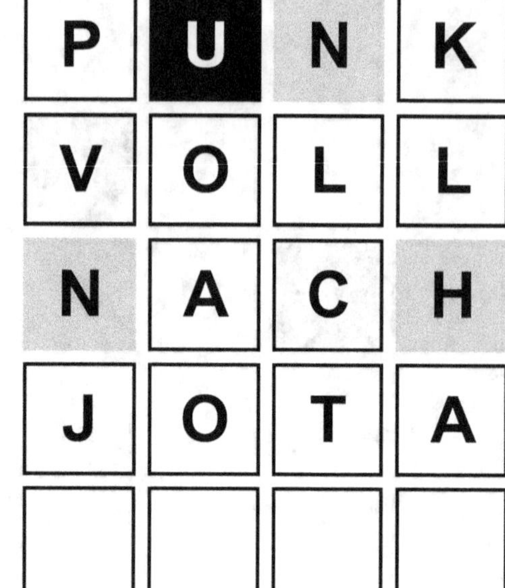

PUZZLE 6.

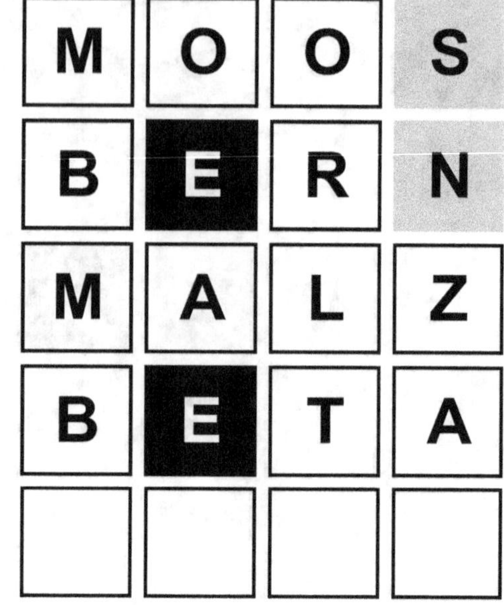

PUZZLE 7.

PUZZLE 8.

PUZZLE 9.

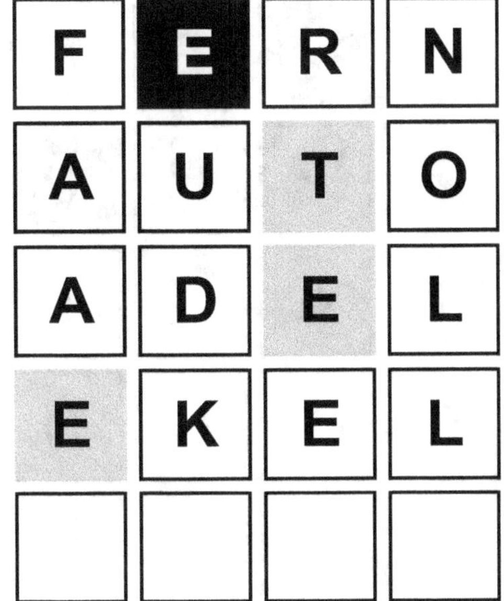

PUZZLE 10.

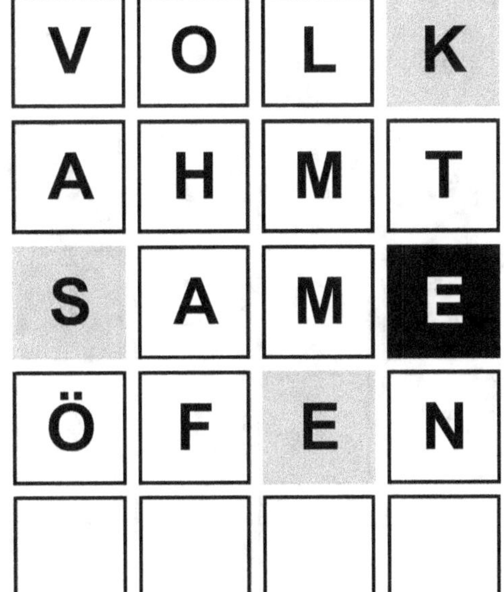

PUZZLE 11.

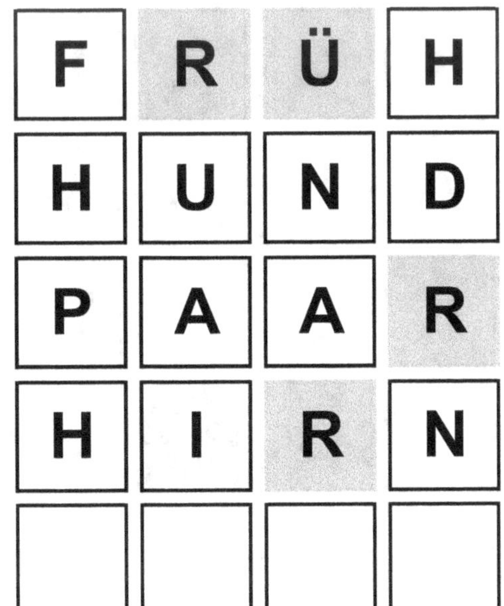

PUZZLE 12.

PUZZLE 13.

PUZZLE 14.

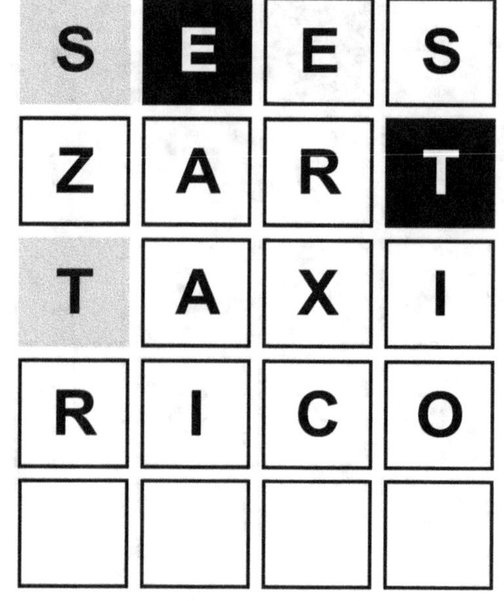

PUZZLE 15.

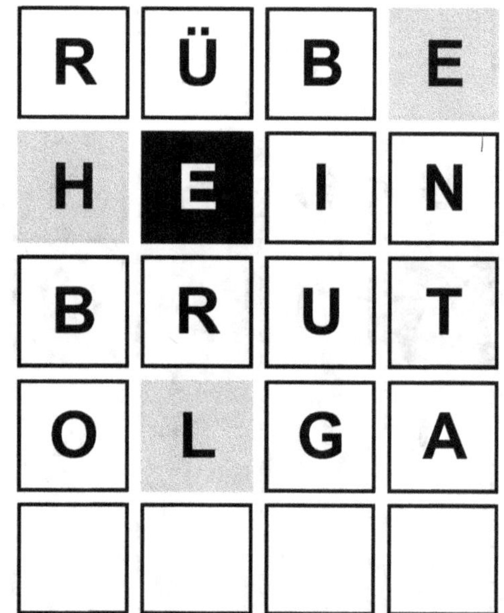

PUZZLE 16.

PUZZLE 17.

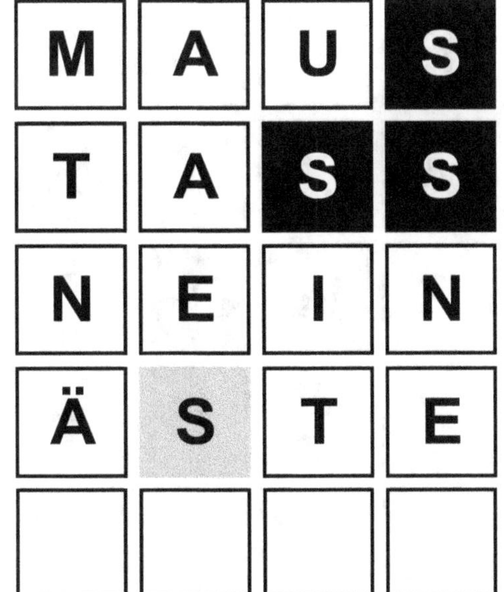

PUZZLE 18.

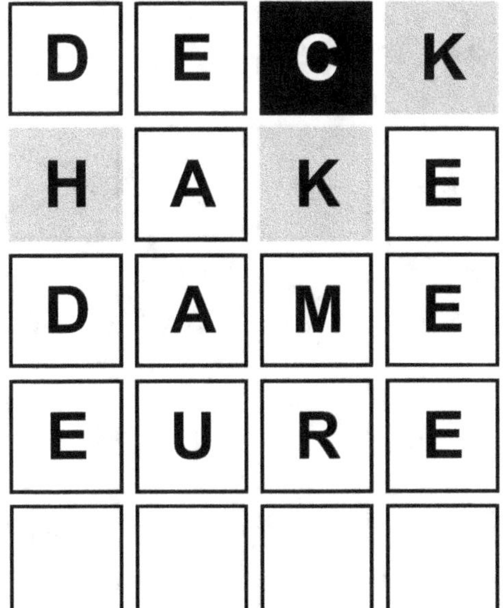

PUZZLE 19.

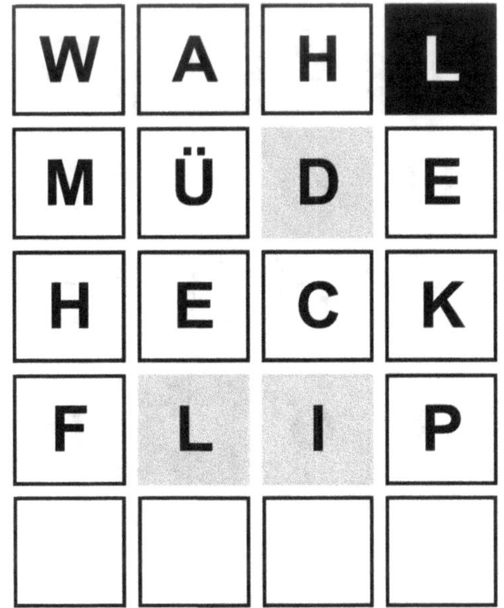

PUZZLE 20.

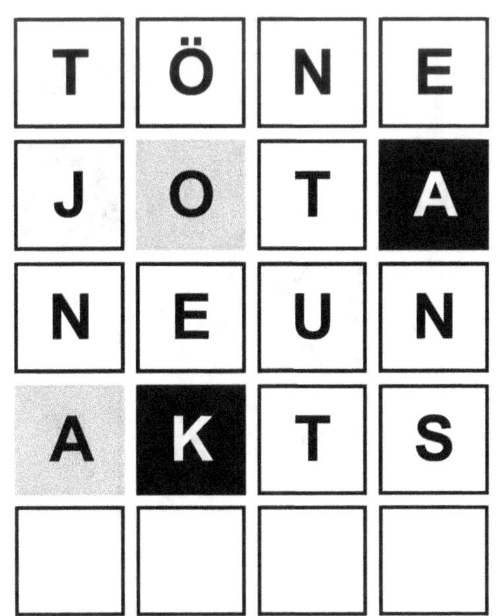

PUZZLE 21.

PUZZLE 22.

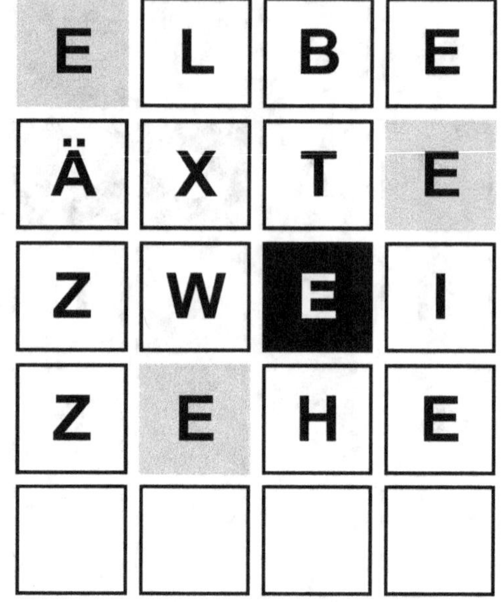

PUZZLE 23.

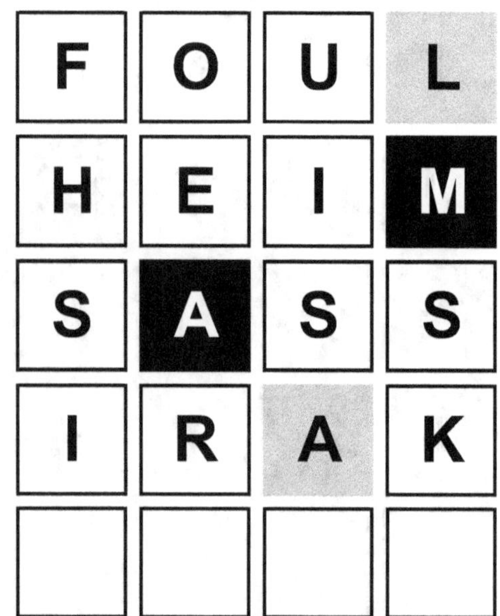

PUZZLE 24.

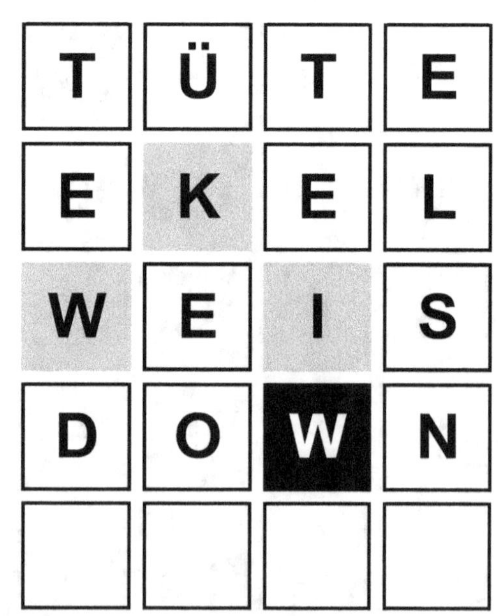

PUZZLE 25.

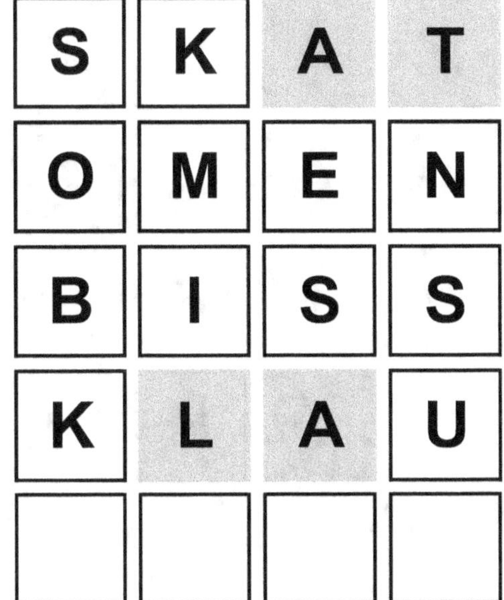

PUZZLE 26.

PUZZLE 27.

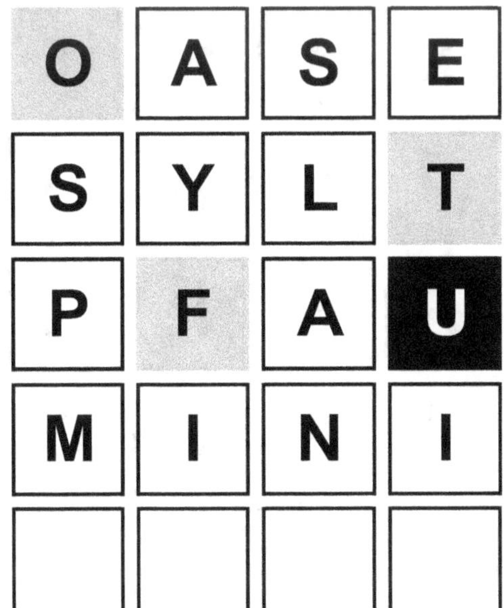

PUZZLE 28.

PUZZLE 29.

PUZZLE 30.

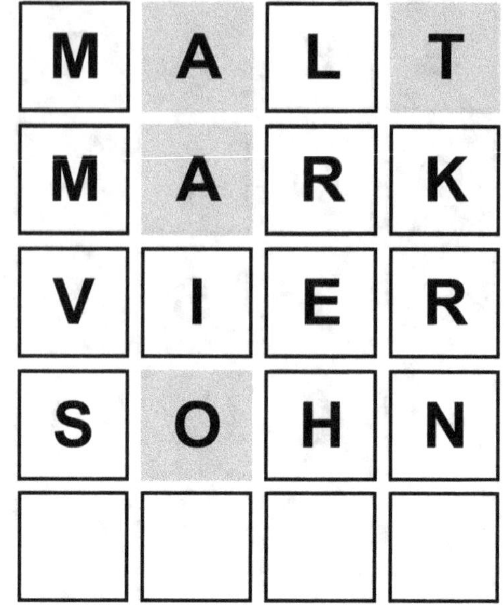

PUZZLE 31.

PUZZLE 32.

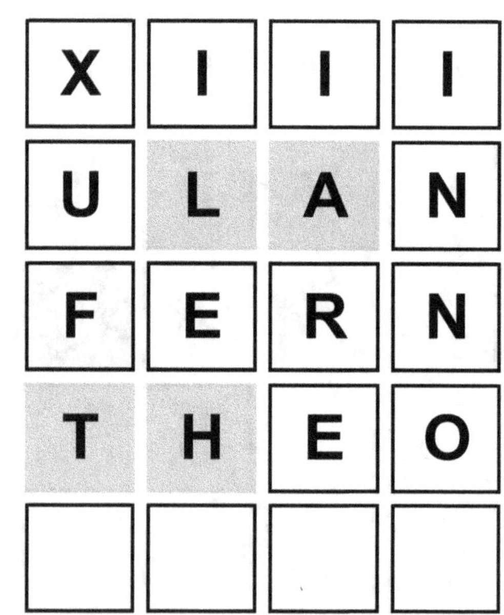

PUZZLE 33.

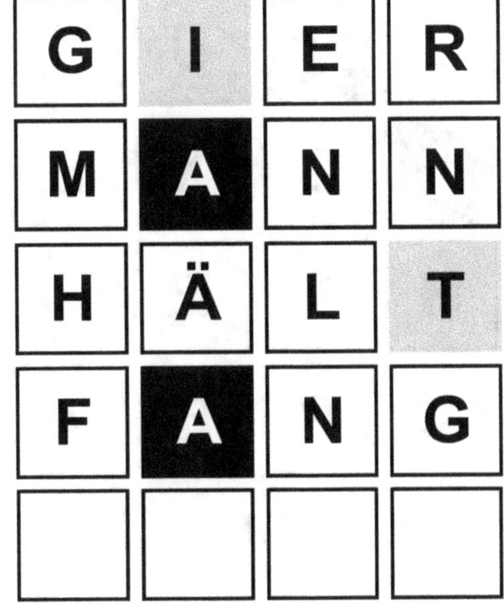

PUZZLE 34.

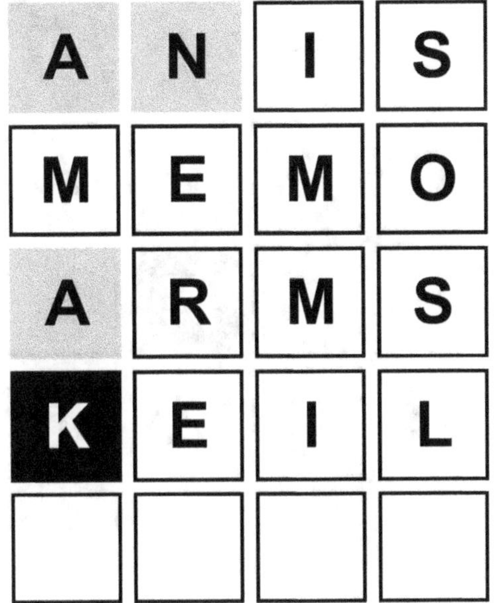

PUZZLE 35.

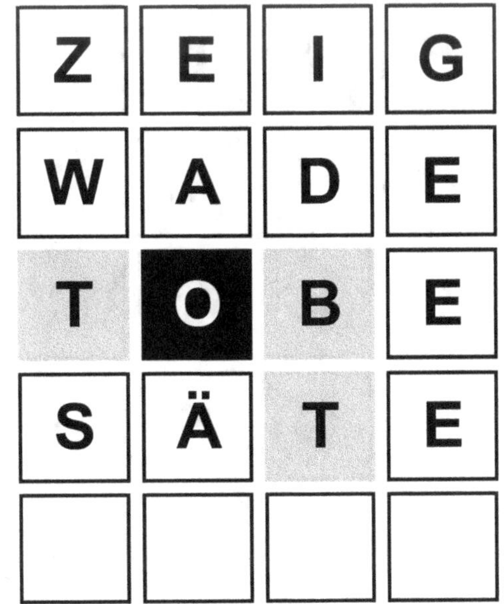

PUZZLE 36.

PUZZLE 37.

PUZZLE 38.

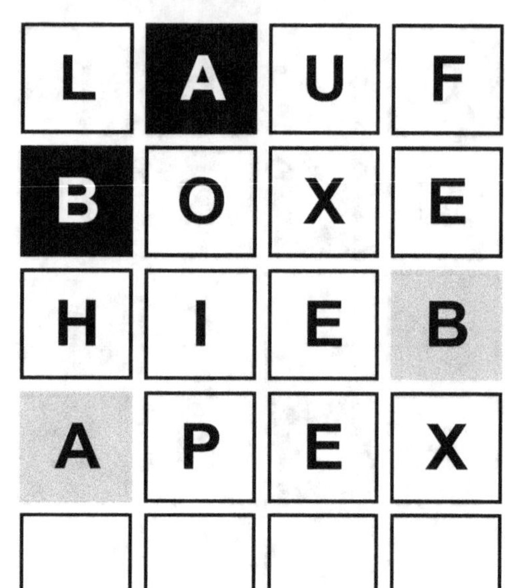

PUZZLE 39.

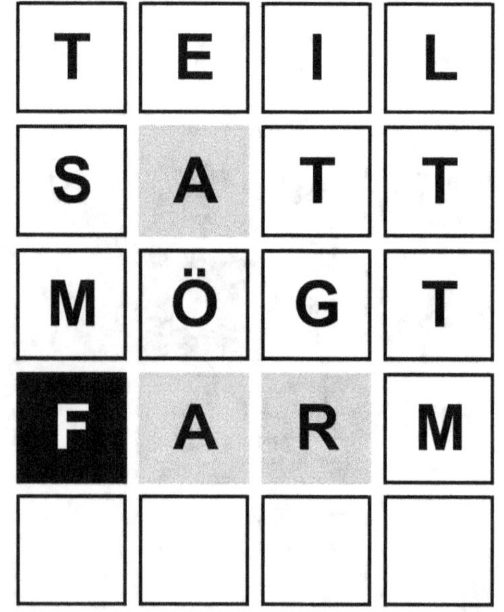

PUZZLE 40.

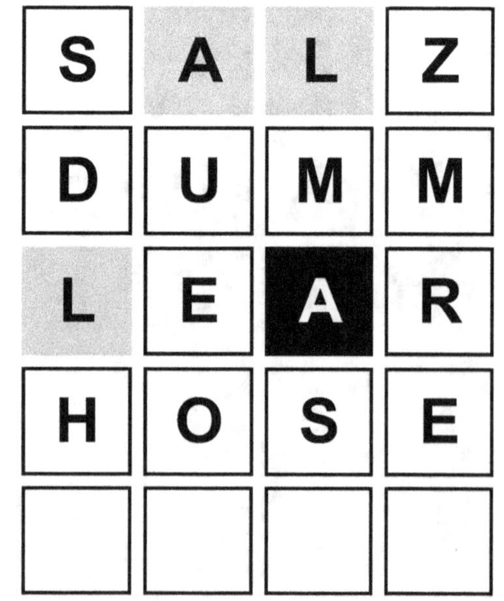

PUZZLE 41.

Q W E R T Z U I O P Ü
A S D F G H J K L Ö Ä
Y X C V B N M

PUZZLE 42.

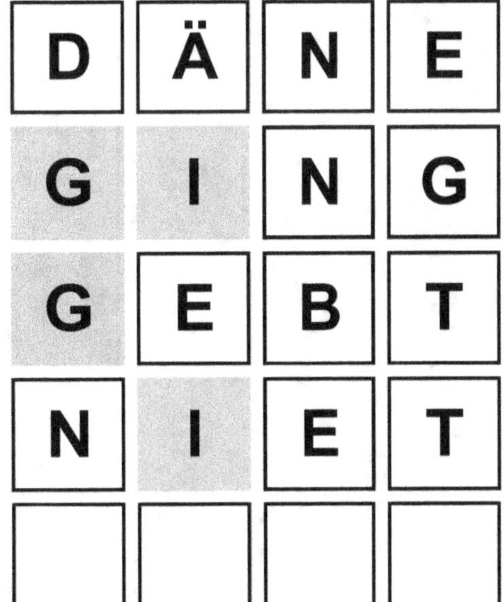

Q W E R T Z U I O P Ü
A S D F G H J K L Ö Ä
Y X C V B N M

PUZZLE 43.

Q W E R T Z U I O P Ü
A S D F G H J K L Ö Ä
Y X C V B N M

PUZZLE 44.

Q W E R T Z U I O P Ü
A S D F G H J K L Ö Ä
Y X C V B N M

PUZZLE 45.

PUZZLE 46.

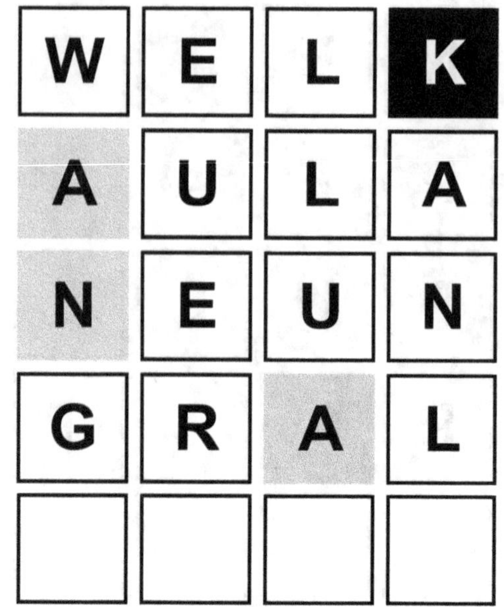

PUZZLE 47.

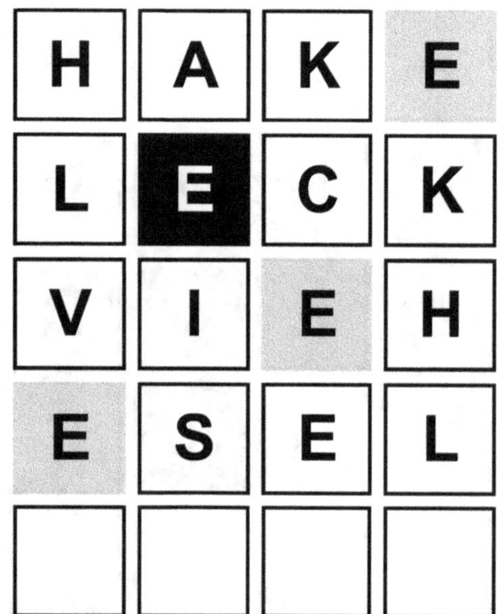

PUZZLE 48.

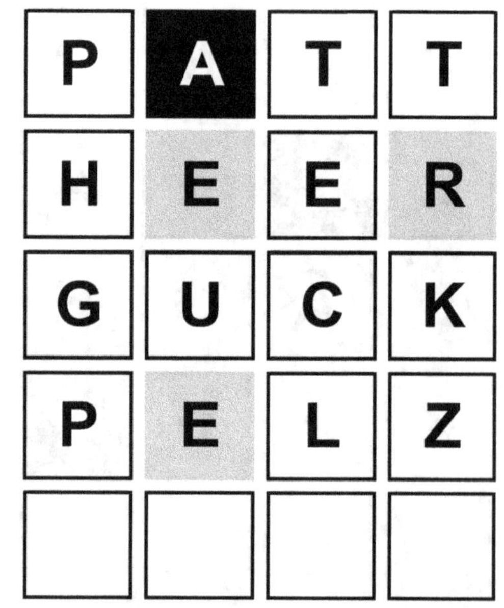

PUZZLE 49.

PUZZLE 50.

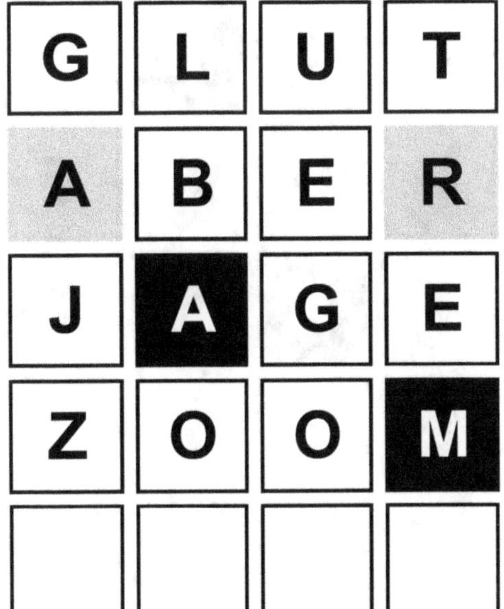

PUZZLE 51.

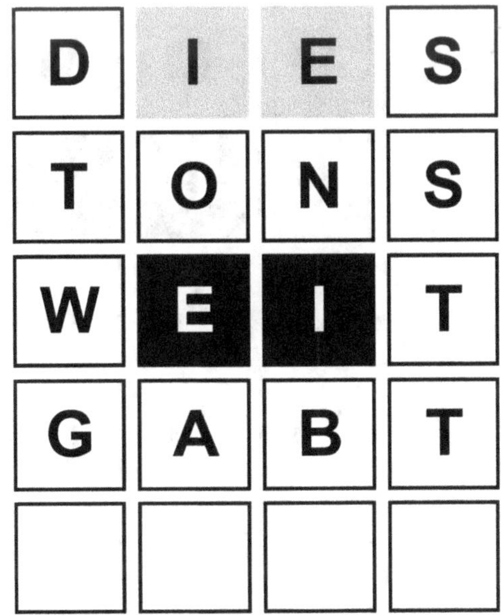

PUZZLE 52.

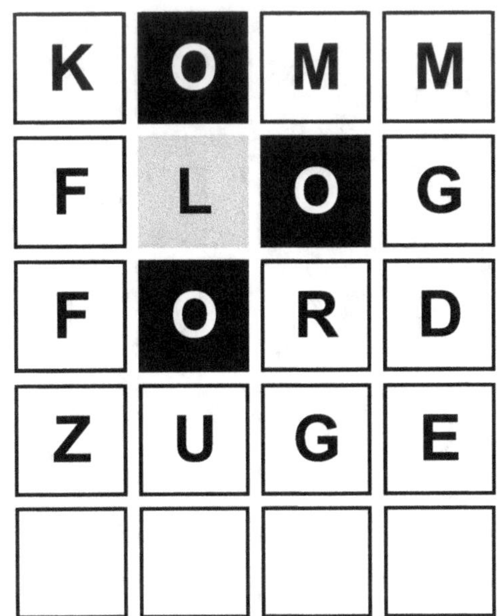

PUZZLE 53.

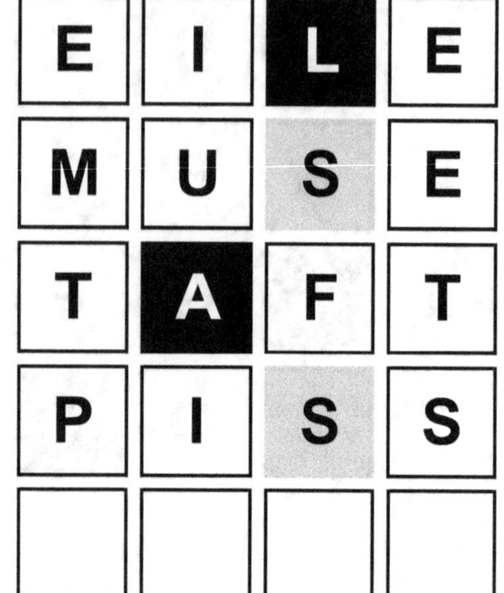

PUZZLE 54.

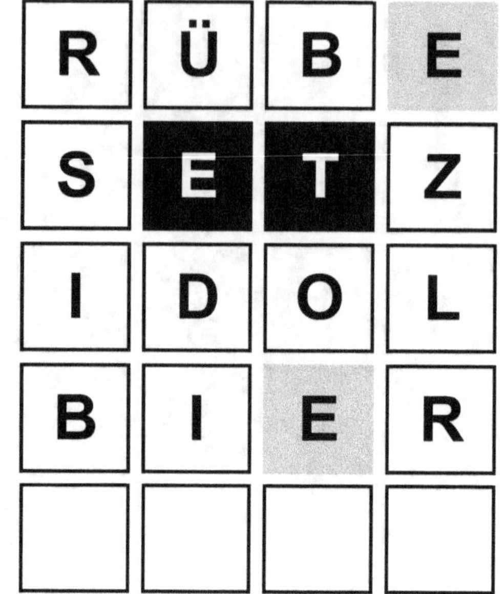

PUZZLE 55.

D A C H
M O P S
B A U T
B O J E

Q W E R T Z U I O P Ü
A S D F G H J K L Ö Ä
Y X C V B N M

PUZZLE 56.

K O M M
D E U T
J U N G
T O D E

Q W E R T Z U I O P Ü
A S D F G H J K L Ö Ä
Y X C V B N M

PUZZLE 57.

PUZZLE 58.

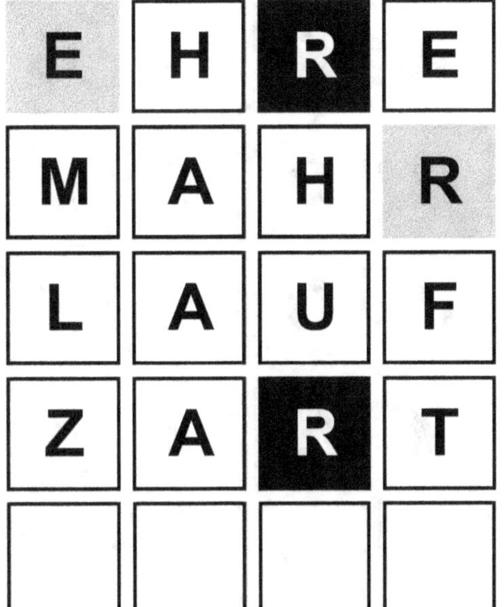

PUZZLE 59.

PUZZLE 60.

PUZZLE 61.

A	R	G	E
R	O	T	E
H	O	L	T
M	A	R	K

Q W E R T Z U I O P Ü
A S D F G H J K L Ö Ä
Y X C V B N M

PUZZLE 62.

R	U	T	E
U	S	T	G
N	A	S	E
M	Ö	W	E

Q W E R T Z U I O P Ü
A S D F G H J K L Ö Ä
Y X C V B N M

PUZZLE 63.

P	I	L	Z
L	O	C	K
R	U	N	E
D	I	A	S

Q W E R T Z U I O P Ü
A S D F G H J K L Ö Ä
Y X C V B N M

PUZZLE 64.

F	A	R	N
W	I	N	D
T	I	C	K
A	A	S	E

Q W E R T Z U I O P Ü
A S D F G H J K L Ö Ä
Y X C V B N M

PUZZLE 65.

PUZZLE 66.

PUZZLE 67.

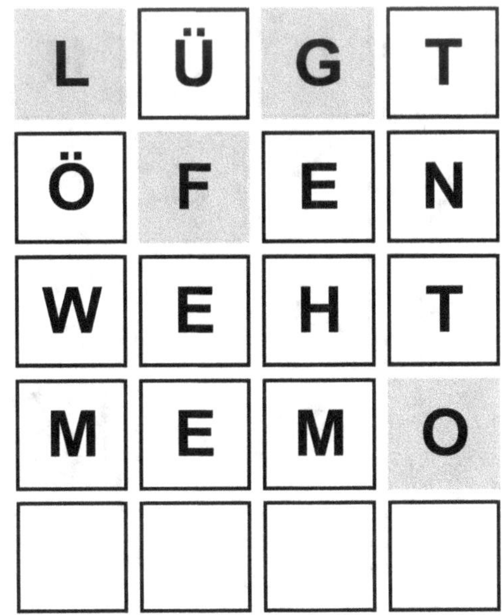

PUZZLE 68.

PUZZLE 69.

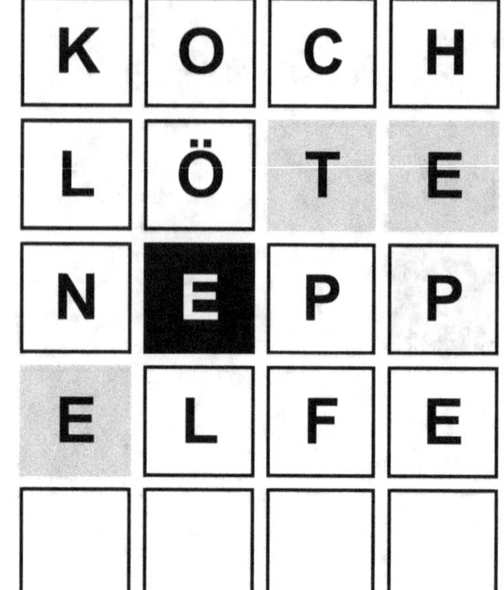

PUZZLE 70.

PUZZLE 71.

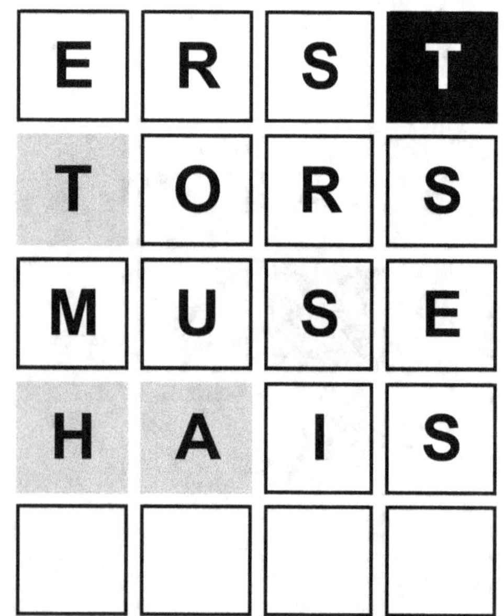

PUZZLE 72.

PUZZLE 73.

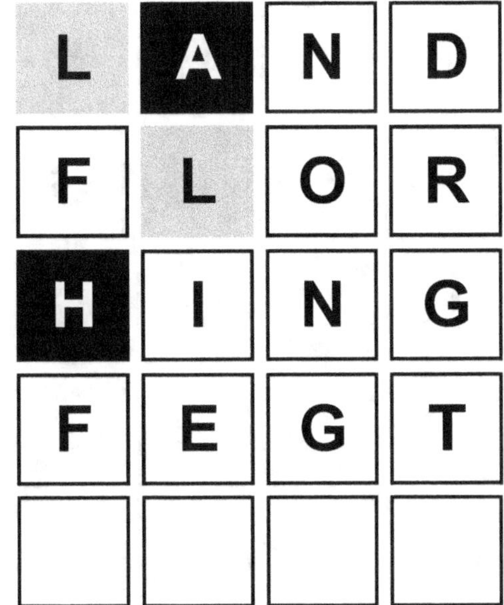

PUZZLE 74.

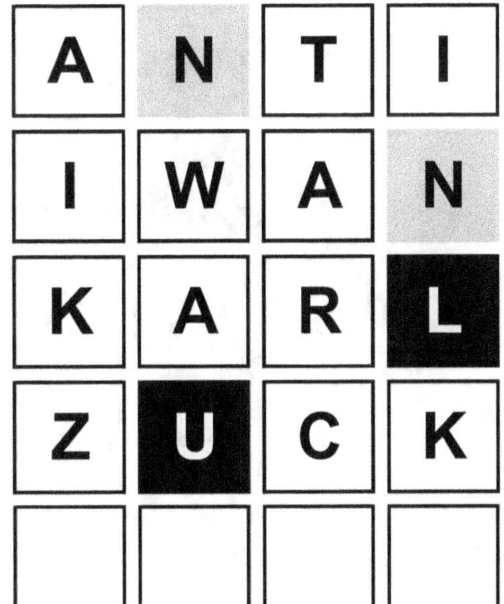

PUZZLE 75.

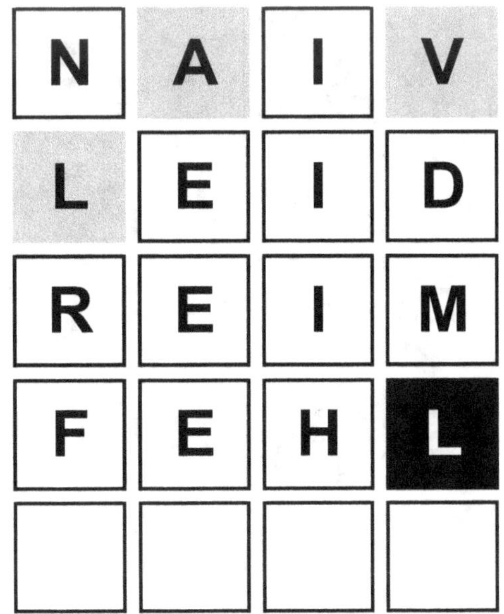

PUZZLE 76.

PUZZLE 77.

PUZZLE 78.

PUZZLE 79.

PUZZLE 80.

PUZZLE 81.

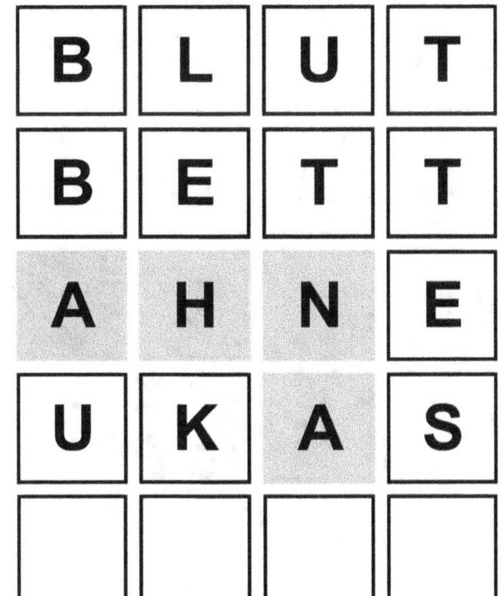

PUZZLE 82.

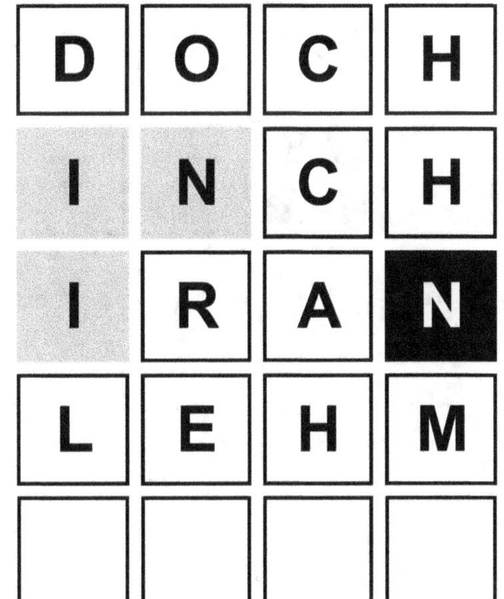

PUZZLE 83.

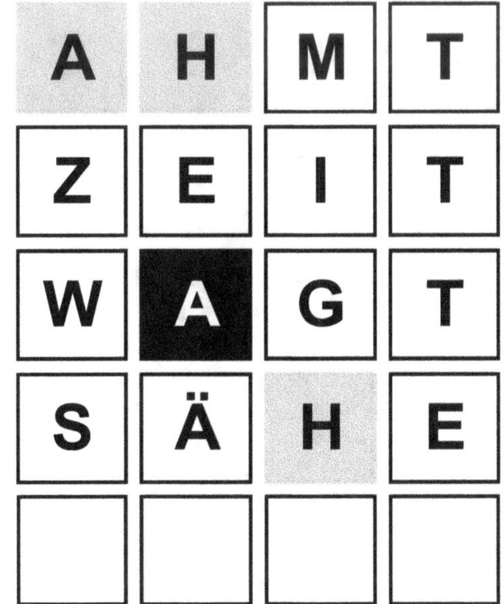

PUZZLE 84.

PUZZLE 85.

PUZZLE 86.

PUZZLE 87.

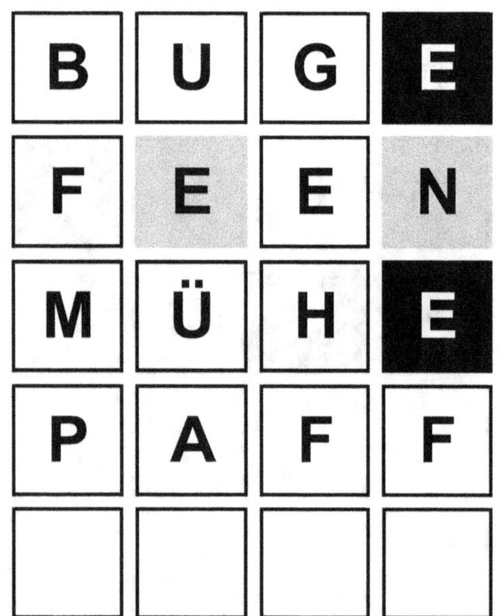

PUZZLE 88.

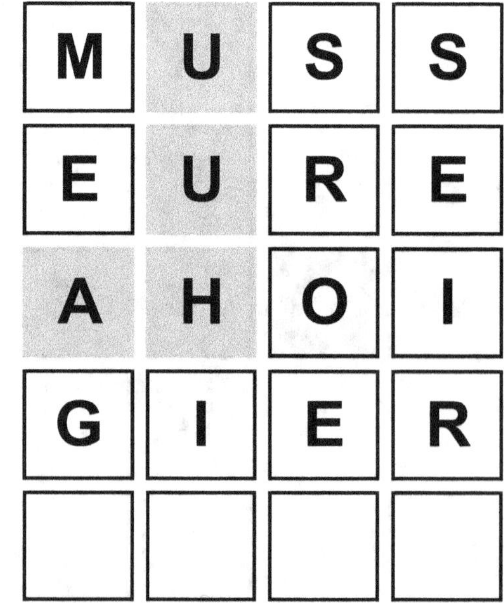

PUZZLE 89.

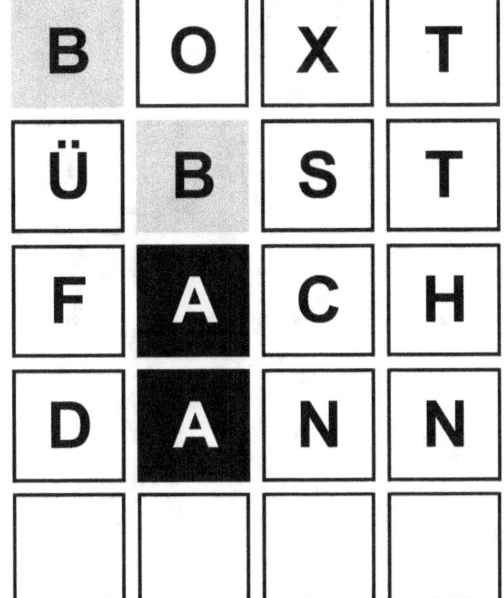

PUZZLE 90.

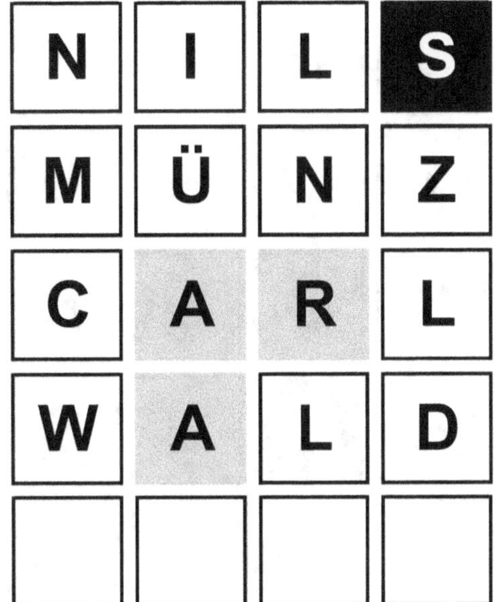

PUZZLE 91.

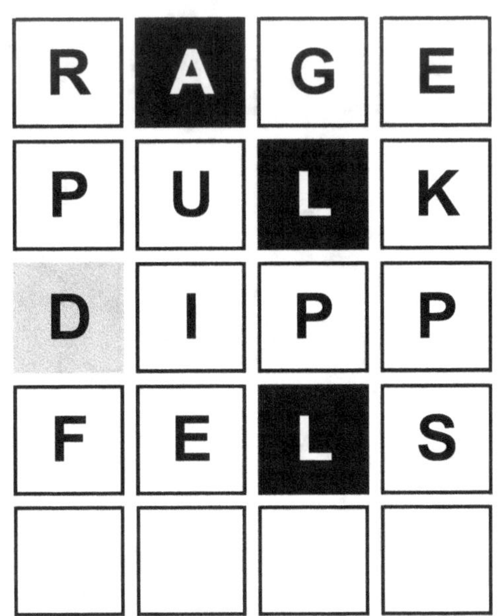

PUZZLE 92.

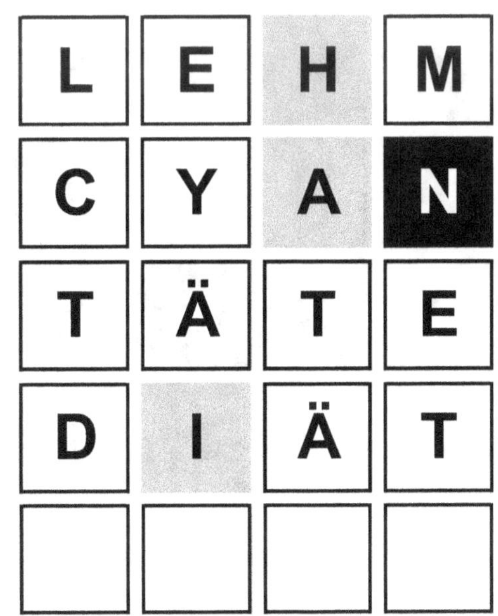

PFLANZE

PUZZLE 93.

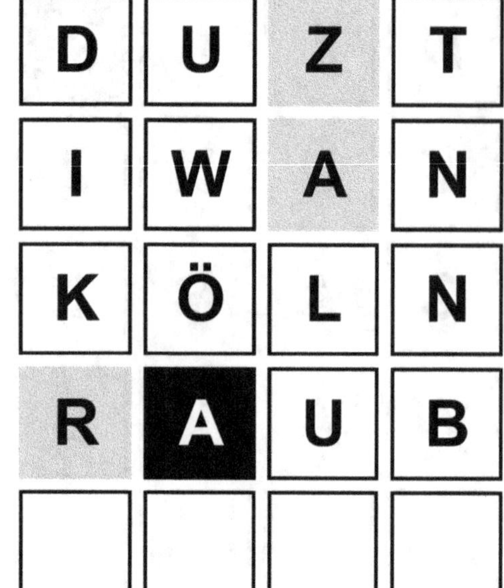

PUZZLE 94.

PUZZLE 95.

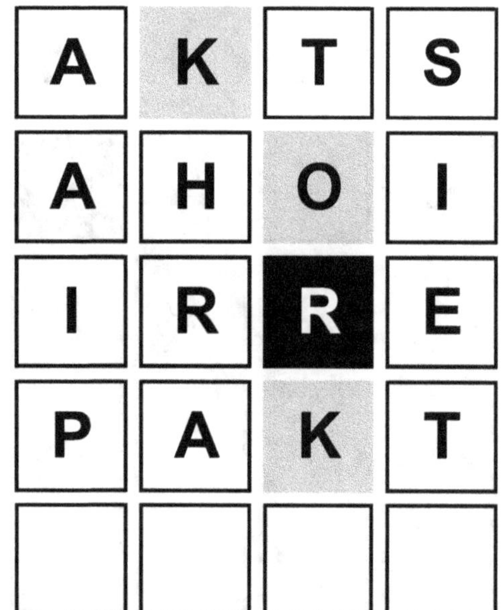

PUZZLE 96.

PUZZLE 97.

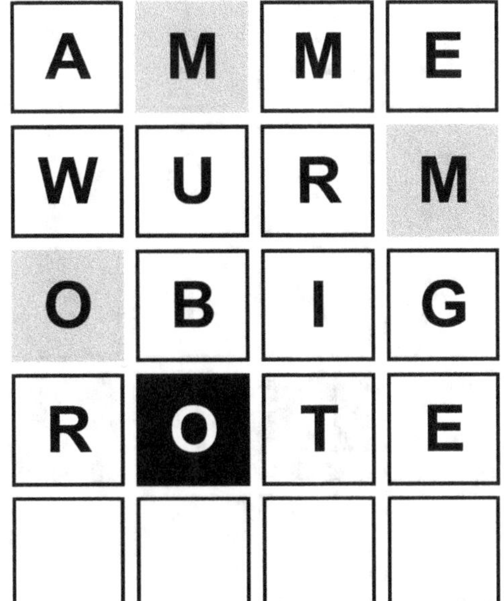

PUZZLE 98.

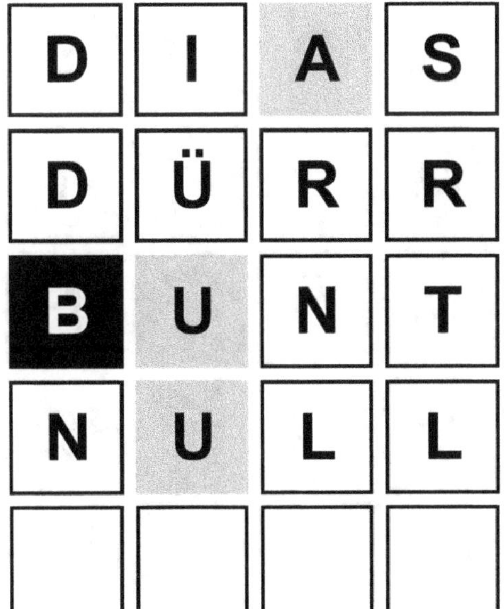

PUZZLE 99.

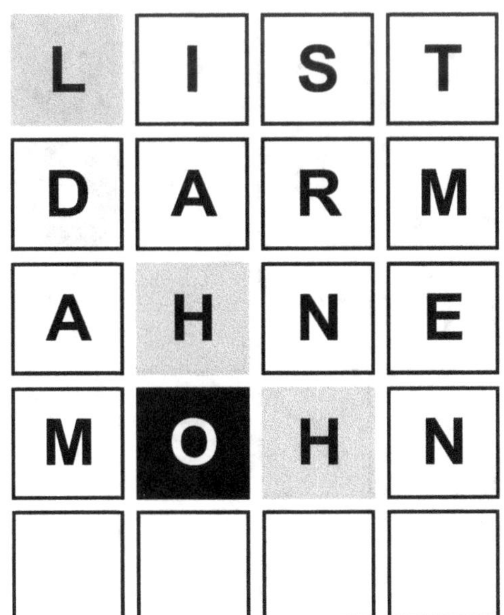

PUZZLE 100.

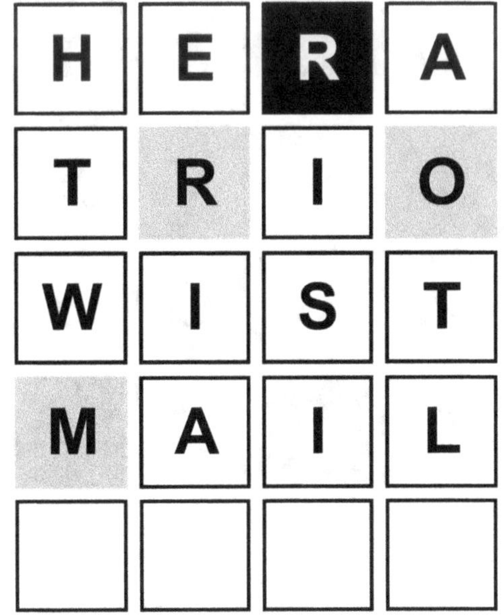

PUZZLE 101.

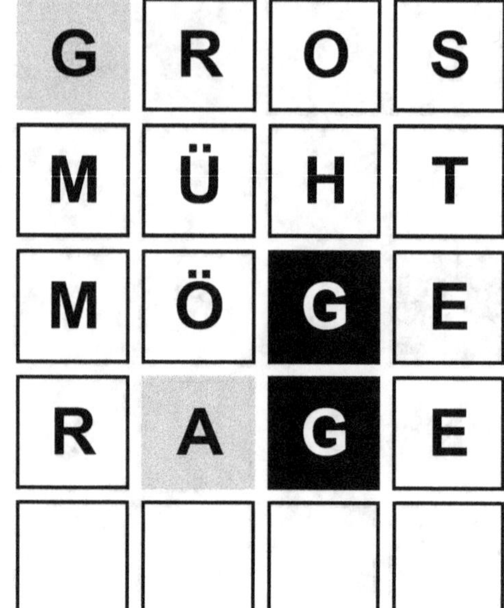

PUZZLE 102.

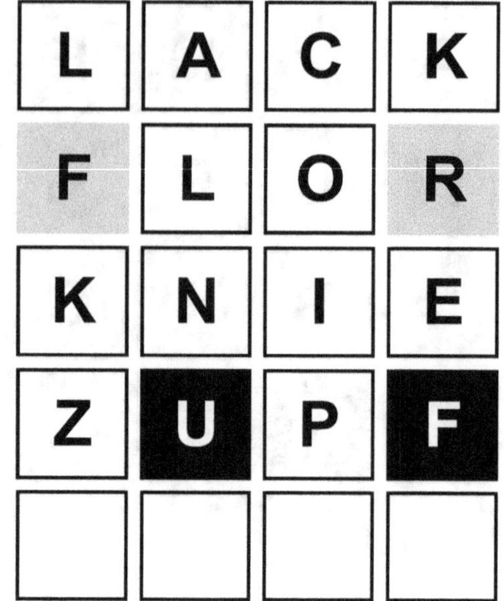

PUZZLE 103.

PUZZLE 104.

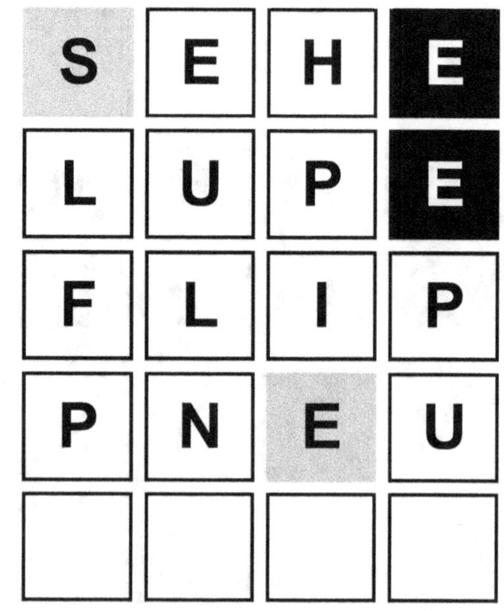

PUZZLE 105.

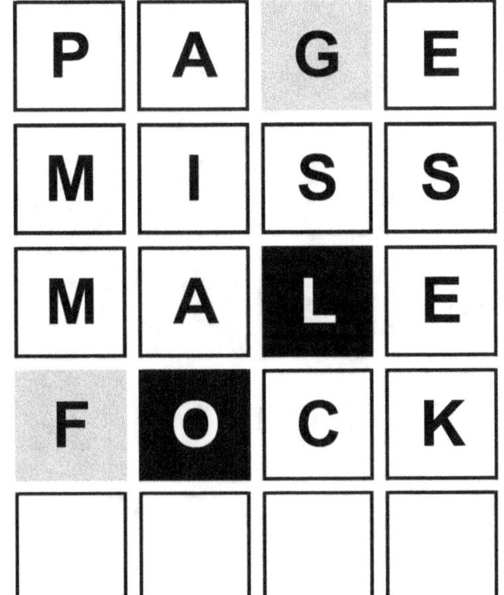

Q W E R T Z U I O P Ü
A S D F G H J K L Ö Ä
Y X C V B N M

PUZZLE 106.

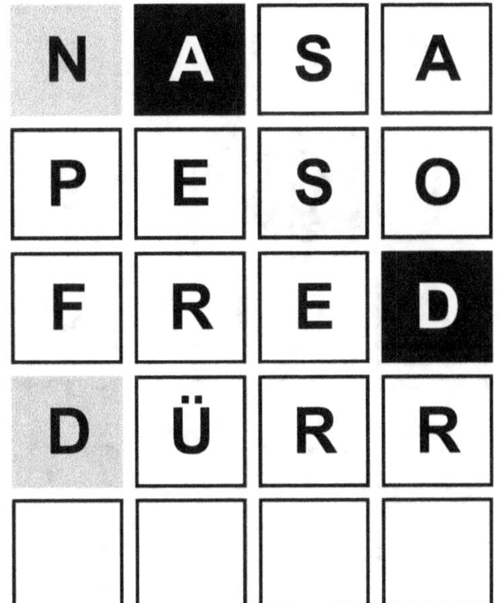

Q W E R T Z U I O P Ü
A S D F G H J K L Ö Ä
Y X C V B N M

PUZZLE 107.

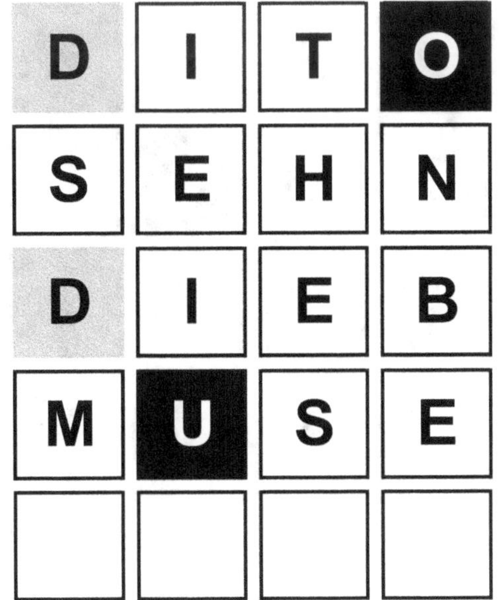

Q W E R T Z U I O P Ü
A S D F G H J K L Ö Ä
Y X C V B N M

PUZZLE 108.

Q W E R T Z U I O P Ü
A S D F G H J K L Ö Ä
Y X C V B N M

PUZZLE 109.

PUZZLE 110.

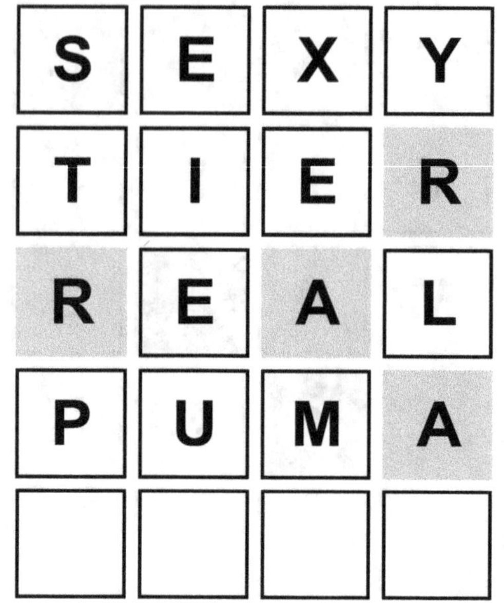

PUZZLE 111.

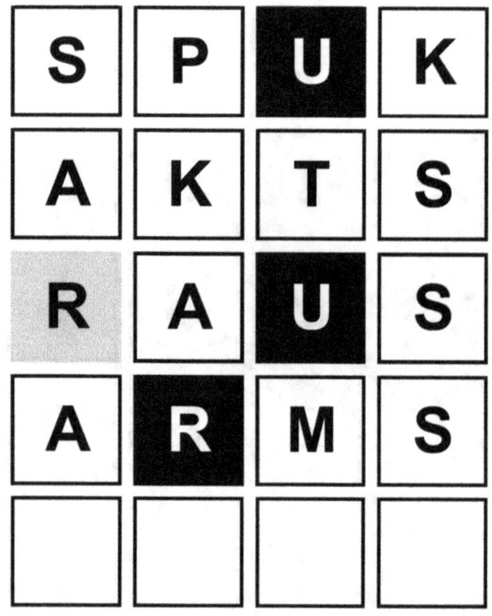

PUZZLE 112.

PUZZLE 113.

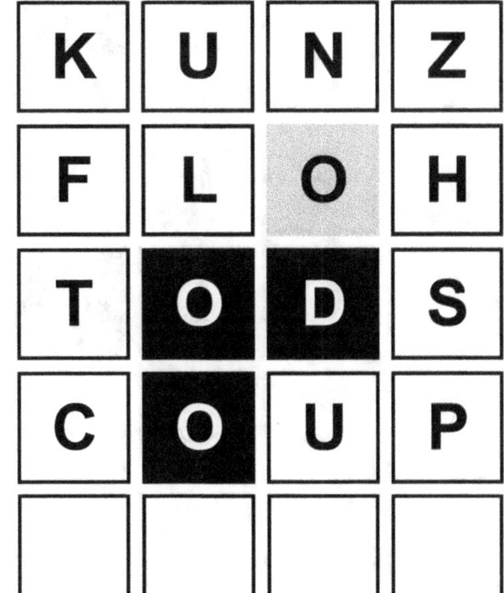

PUZZLE 114.

PUZZLE 115.

PUZZLE 116.

PUZZLE 117.

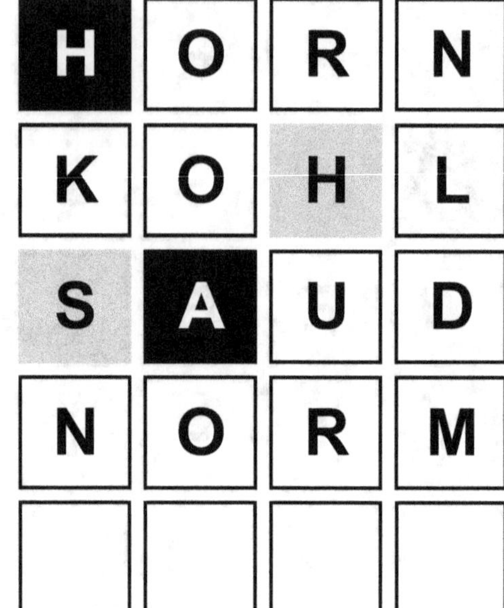

PUZZLE 118.

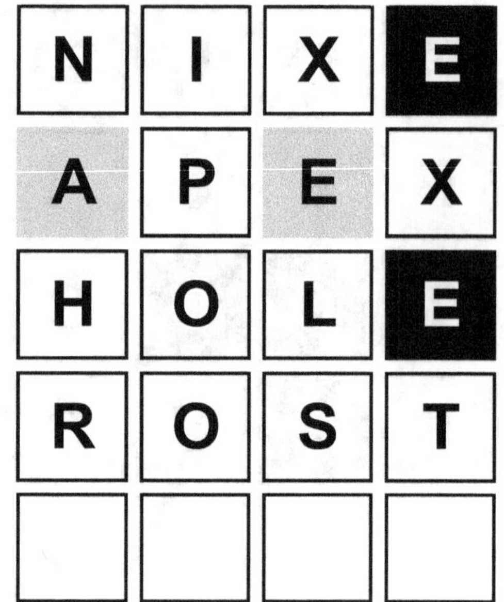

PUZZLE 119.

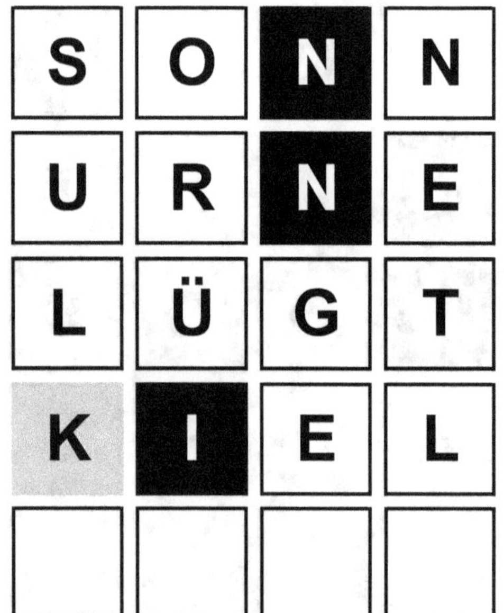

PUZZLE 120.

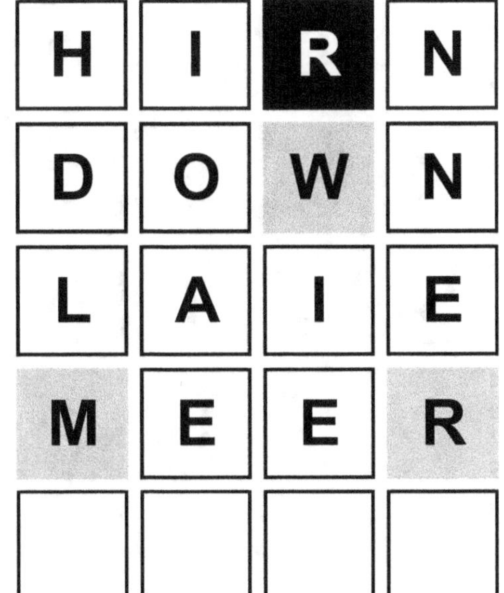

PUZZLE 121.

H I R R N
D O W W N
L A I E
M E E R

Q W E R T Z U I O P Ü
A S D F G H J K L Ö Ä
Y X C V B N M

PUZZLE 122.

S T A B
L A U F
E T U I
M O D I

Q W E R T Z U I O P Ü
A S D F G H J K L Ö Ä
Y X C V B N M

PUZZLE 123.

P L A N
A Z U R
L Ö S S
H E R D

Q W E R T Z U I O P Ü
A S D F G H J K L Ö Ä
Y X C V B N M

PUZZLE 124.

H O H N
R A U S
L I E D
P N E U

Q W E R T Z U I O P Ü
A S D F G H J K L Ö Ä
Y X C V B N M

PUZZLE 125.

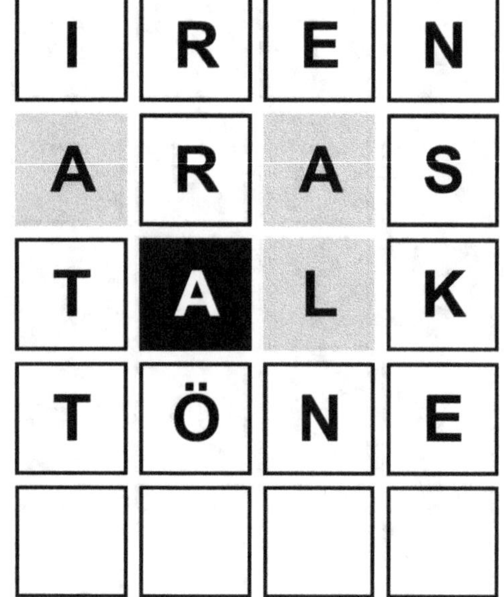

PUZZLE 126.

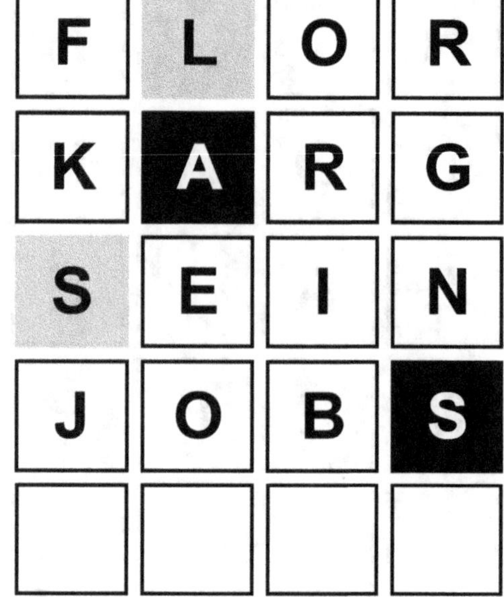

PUZZLE 127.

PUZZLE 128.

PUZZLE 129.

PUZZLE 130.

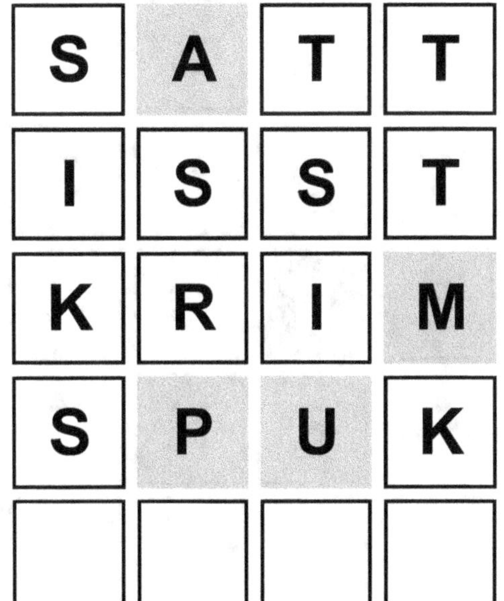

PUZZLE 131.

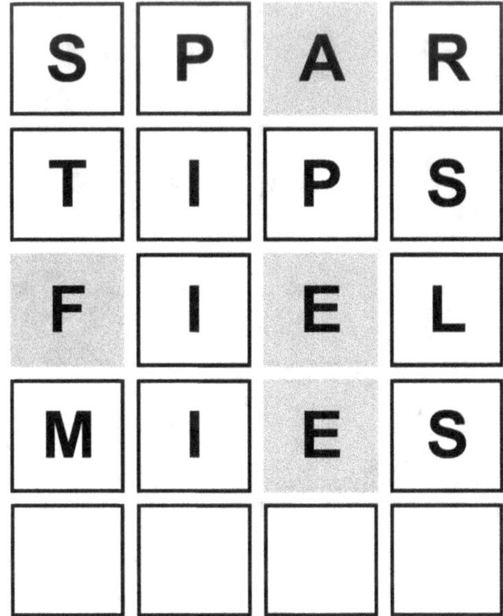

PUZZLE 132.

PUZZLE 133.

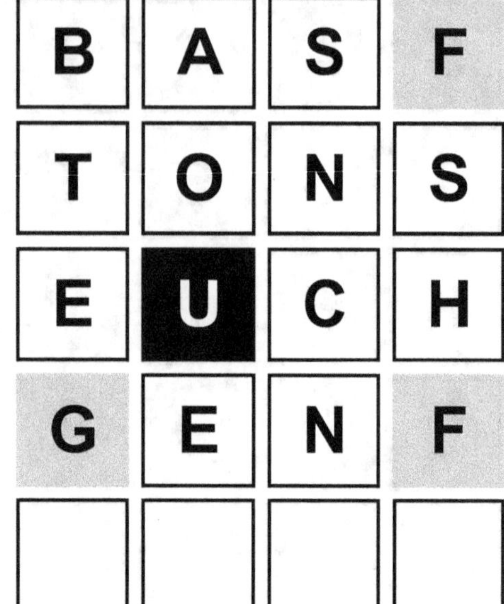

PUZZLE 134.

PUZZLE 135.

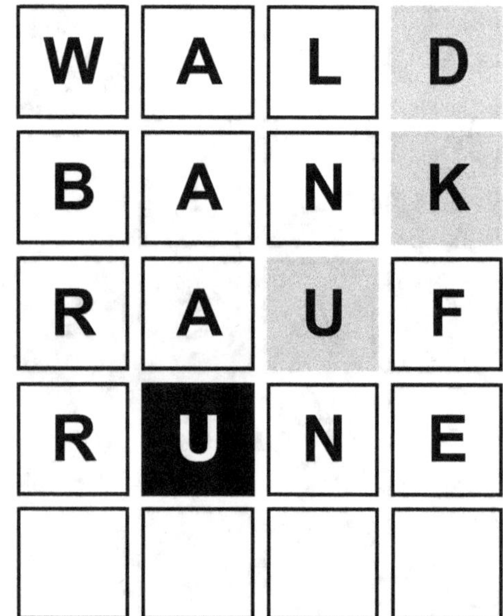

PUZZLE 136.

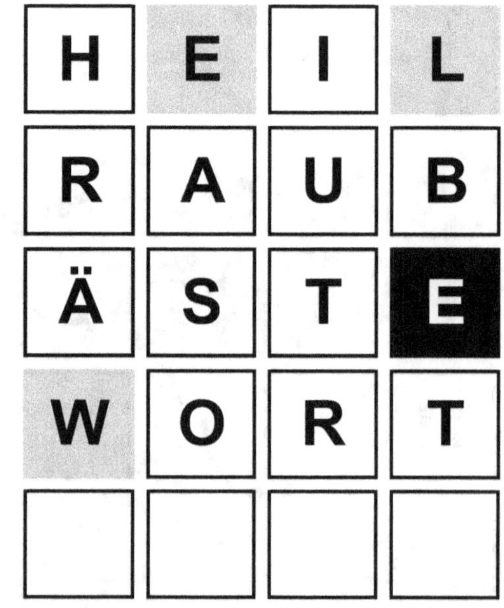

PUZZLE 137.

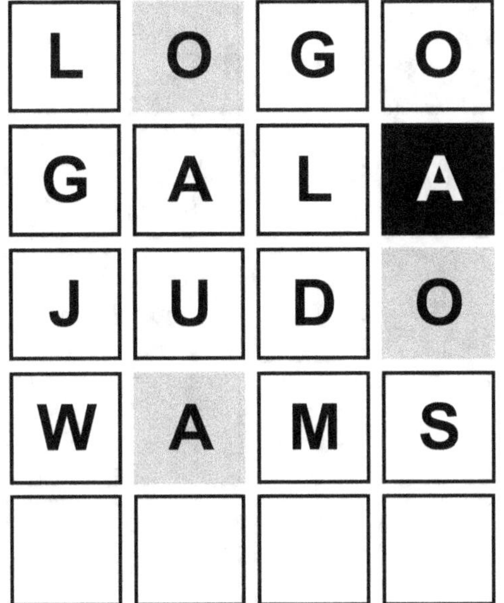

PUZZLE 138.

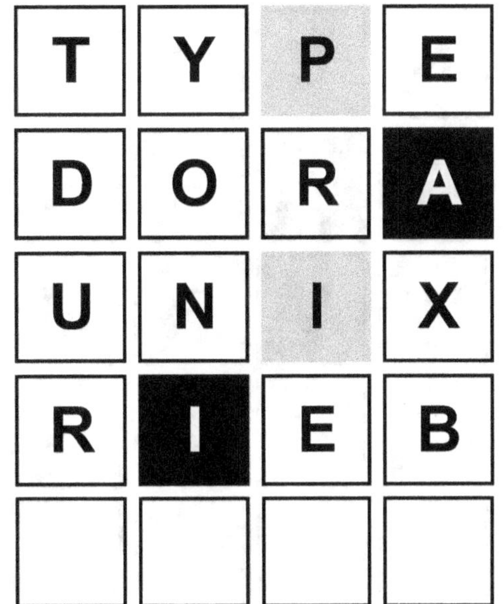

PUZZLE 139.

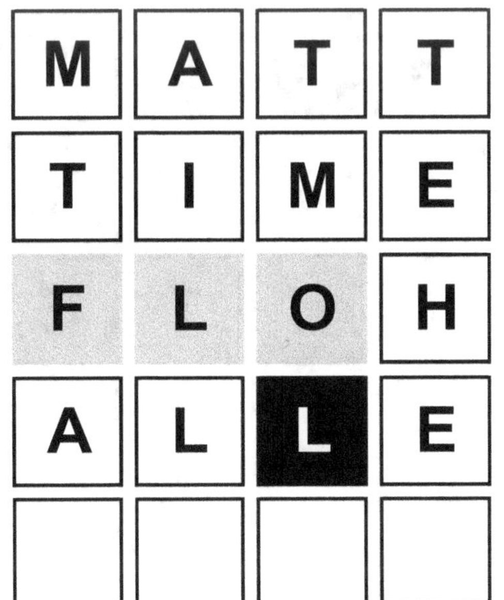

PUZZLE 140.

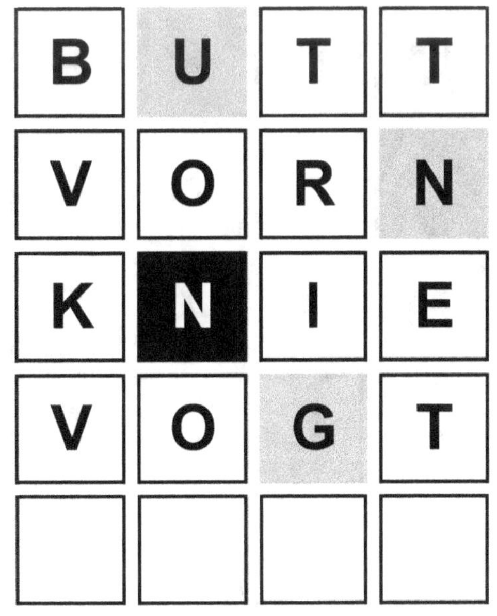

PUZZLE 141.

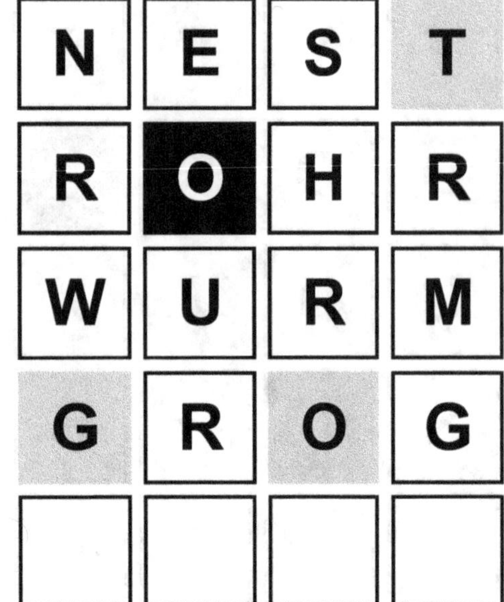

Q W E R T Z U I O P Ü
A S D F G H J K L Ö Ä
Y X C V B N M

PUZZLE 142.

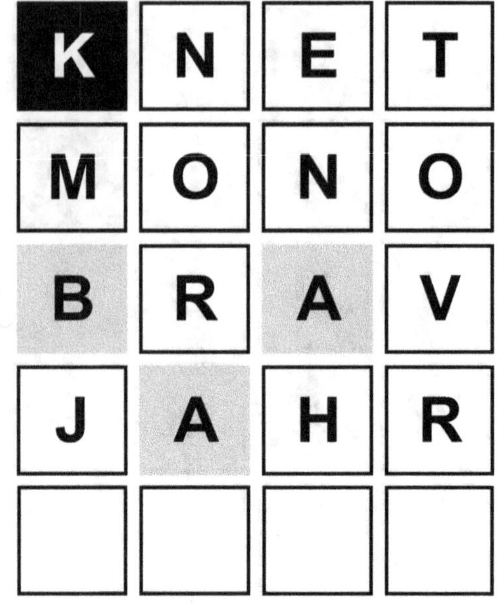

Q W E R T Z U I O P Ü
A S D F G H J K L Ö Ä
Y X C V B N M

PUZZLE 143.

Q W E R T Z U I O P Ü
A S D F G H J K L Ö Ä
Y X C V B N M

PUZZLE 144.

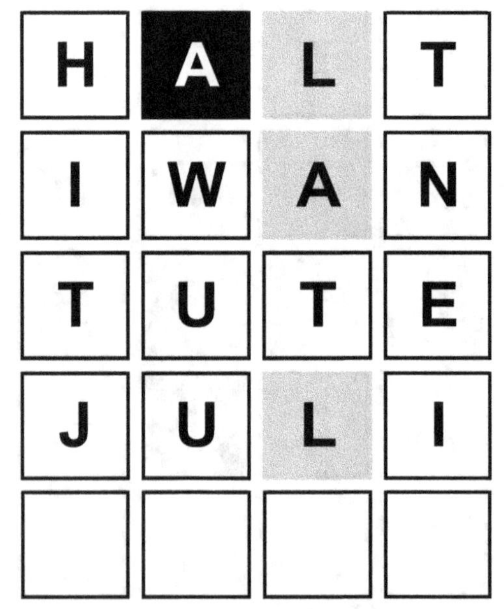

Q W E R T Z U I O P Ü
A S D F G H J K L Ö Ä
Y X C V B N M

PUZZLE 145.

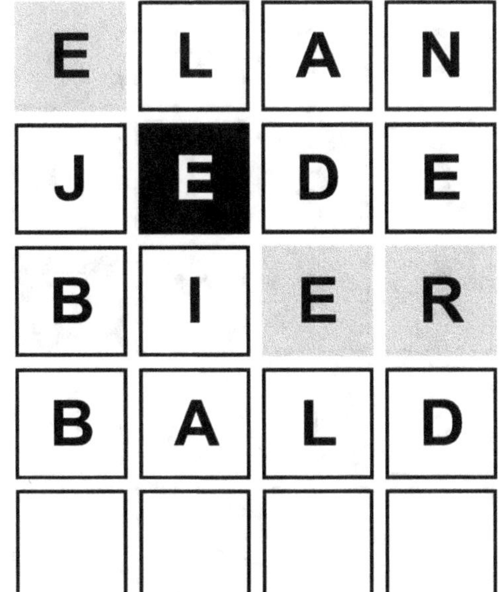

PUZZLE 146.

PUZZLE 147.

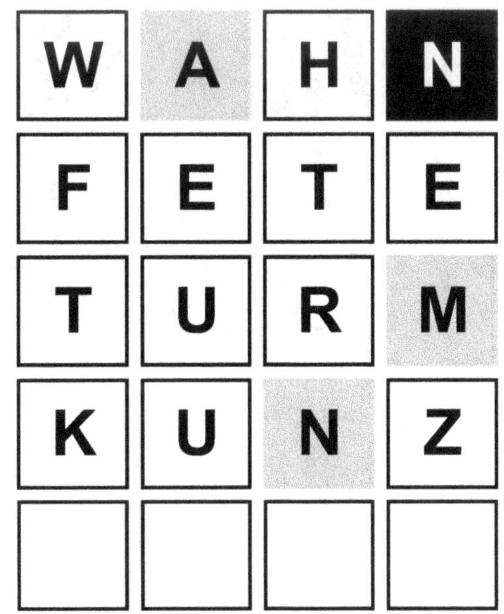

PUZZLE 148.

PUZZLE 149.

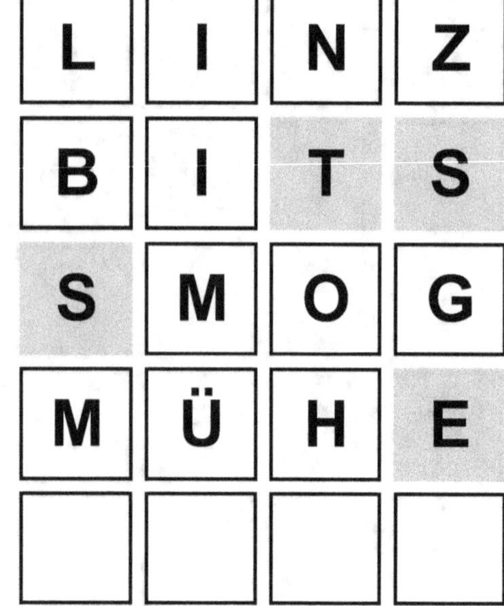

PUZZLE 150.

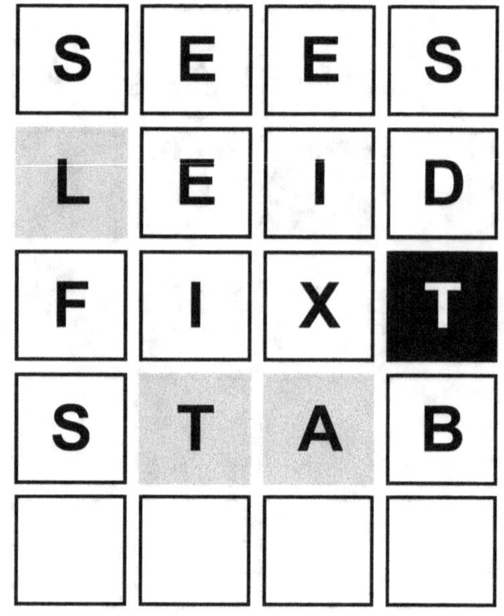

PUZZLE 151.

PUZZLE 152.

ANTWORTEN

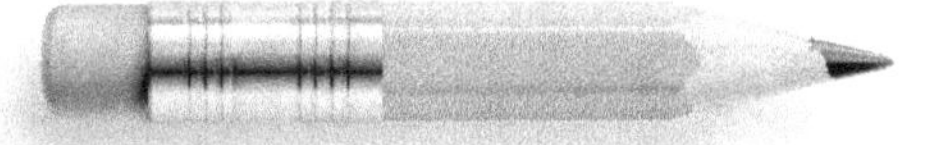

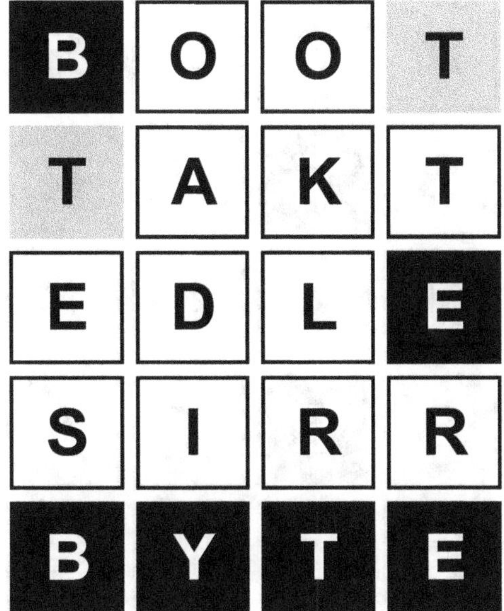

B O O T
T A K T
E D L E
S I R R
B Y T E

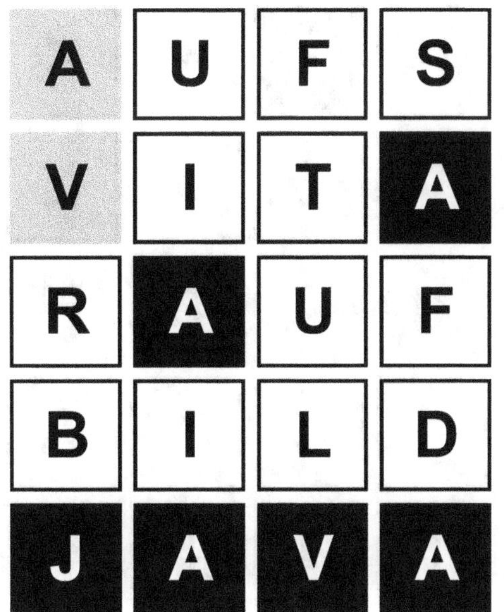

A U F S
V I T A
R A U F
B I L D
J A V A

S Ä G E
Z U G E
D E A L
H A I S
S C A N

G U R U
D E I N
R E G T
S I T Z
U N I X

COMPUTER

PUZZLE 5.

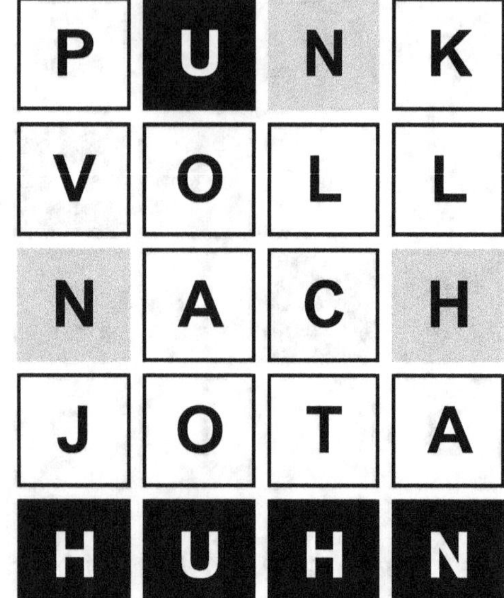

PUZZLE 6.

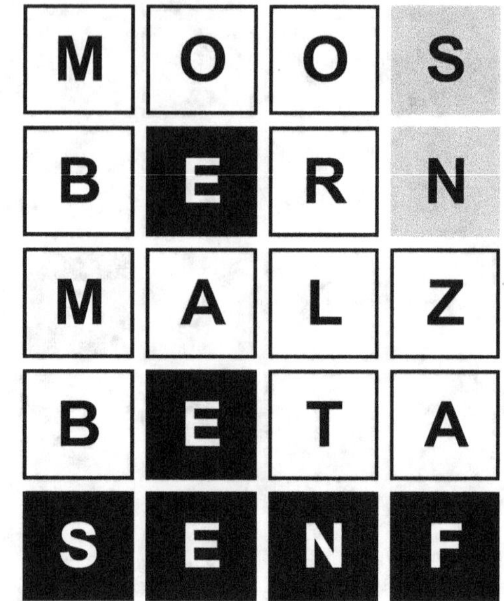

PUZZLE 7.

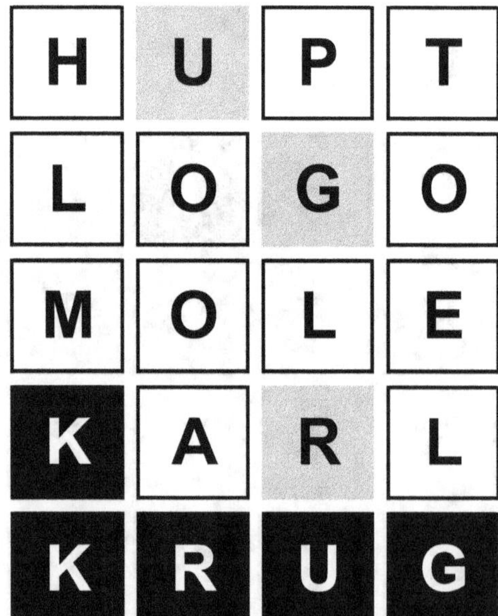

PUZZLE 8.

PUZZLE 9.

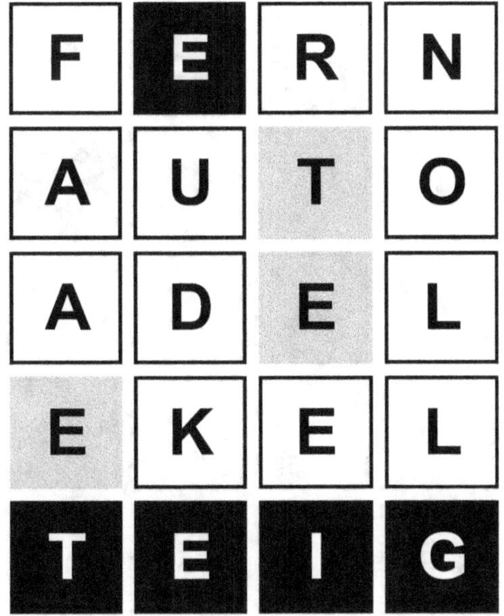

PUZZLE 10.

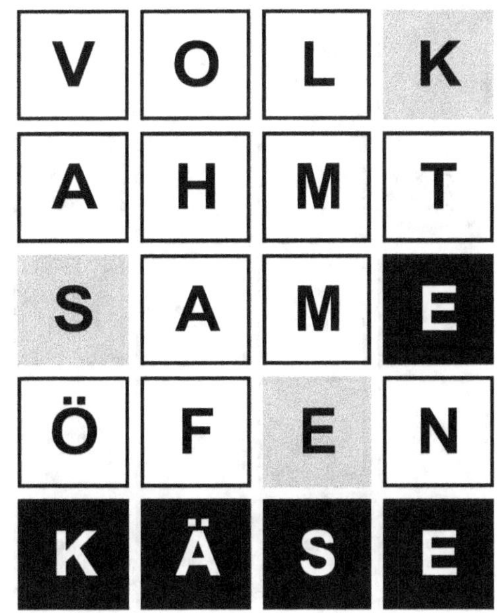

PUZZLE 11.

PUZZLE 12.

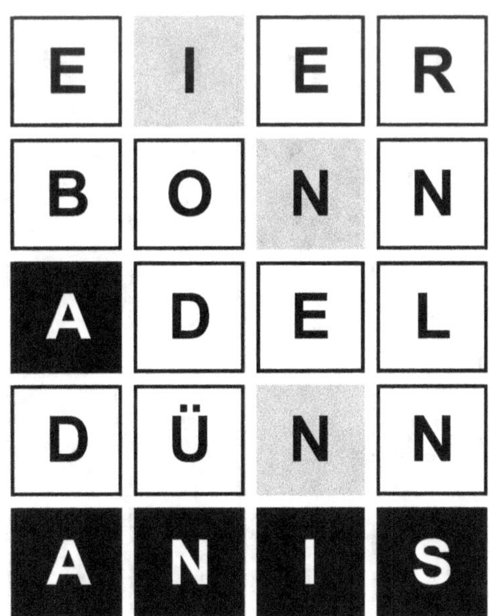

PUZZLE 13.

PUZZLE 14.

PUZZLE 15.

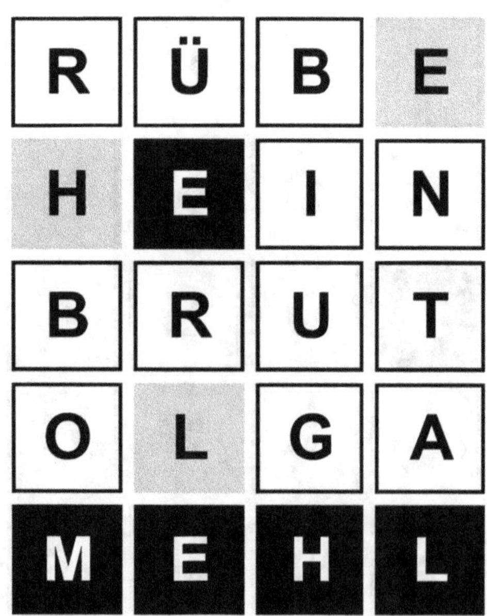

PUZZLE 16.

PUZZLE 17.

M	A	U	S
T	A	S	S
N	E	I	N
Ä	S	T	E
S	Ü	S	S

PUZZLE 18.

D	E	C	K
H	A	K	E
D	A	M	E
E	U	R	E
K	O	C	H

PUZZLE 19.

W	A	H	L
M	Ü	D	E
H	E	C	K
F	L	I	P
D	I	L	L

PUZZLE 20.

T	Ö	N	E
J	O	T	A
N	E	U	N
A	K	T	S
O	K	R	A

PUZZLE 21.

PUZZLE 22.

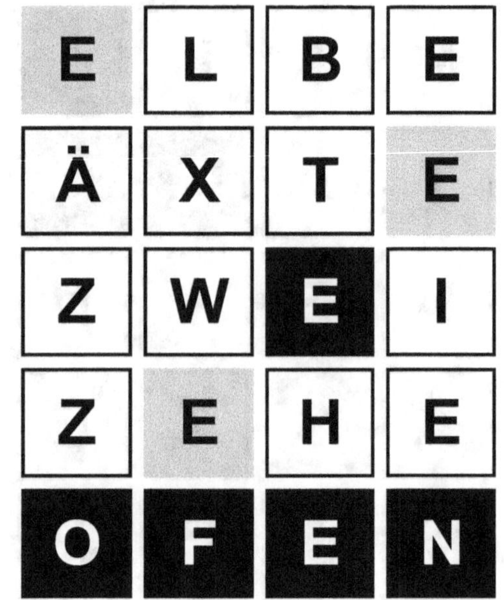

PUZZLE 23.

PUZZLE 24.

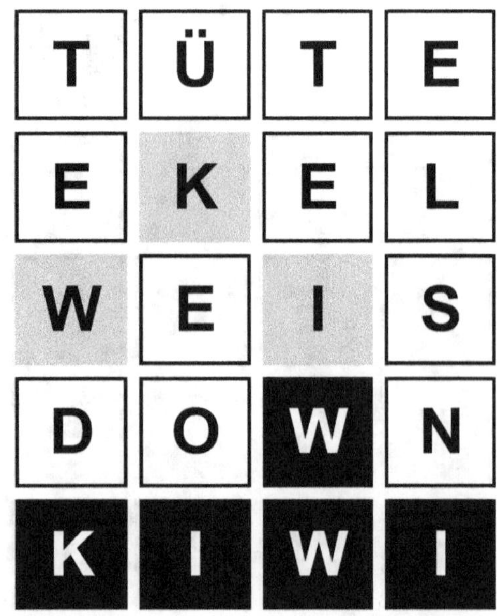

PUZZLE 25.

S	K	A	T
O	M	E	N
B	I	S	S
K	L	A	U
T	A	L	G

PUZZLE 26.

W	A	R	B
S	A	T	Z
L	A	G	E
Ü	B	E	N
R	E	I	S

PUZZLE 27.

O	A	S	E
S	Y	L	T
P	F	A	U
M	I	N	I
T	O	F	U

PUZZLE 28.

F	L	U	R
K	E	S	S
U	L	K	S
F	R	E	I
H	E	F	E

PUZZLE 29.

R	I	A	D
L	I	E	H
F	A	U	L
V	A	M	P
S	T	A	U

PUZZLE 30.

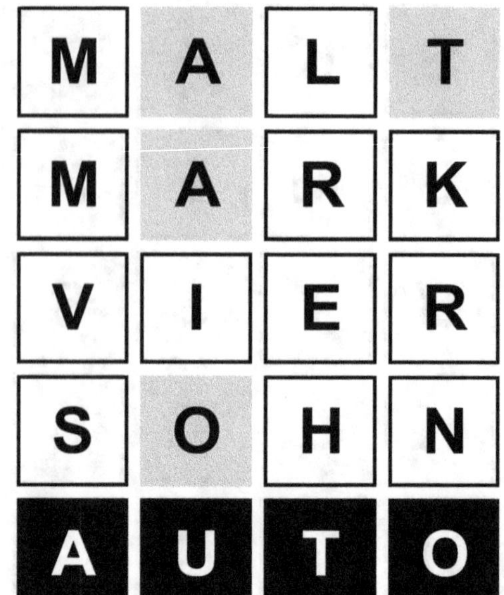

M	A	L	T
M	A	R	K
V	I	E	R
S	O	H	N
A	U	T	O

PUZZLE 31.

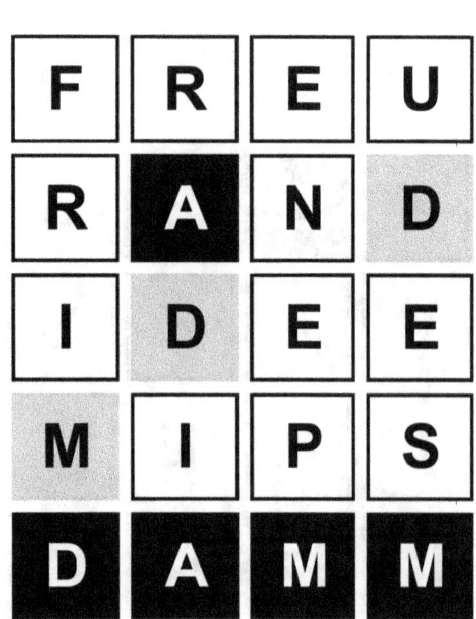

F	R	E	U
R	A	N	D
I	D	E	E
M	I	P	S
D	A	M	M

PUZZLE 32.

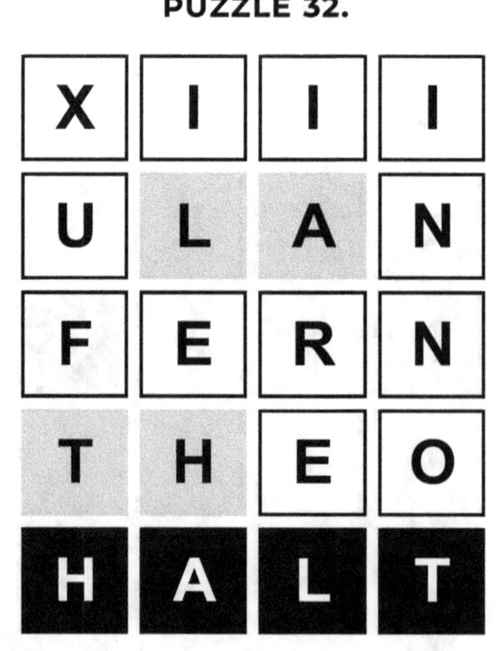

X	I	I	I
U	L	A	N
F	E	R	N
T	H	E	O
H	A	L	T

PUZZLE 33.

G	I	E	R
M	A	N	N
H	Ä	L	T
F	A	N	G
T	A	X	I

PUZZLE 34.

A	N	I	S
M	E	M	O
A	R	M	S
K	E	I	L
K	A	N	U

PUZZLE 35.

Z	E	I	G
W	A	D	E
T	O	B	E
S	Ä	T	E
B	O	O	T

PUZZLE 36.

P	O	L	S
D	A	N	N
K	I	E	W
P	E	S	O
J	E	E	P

PUZZLE 37.

PUZZLE 38.

PUZZLE 39.

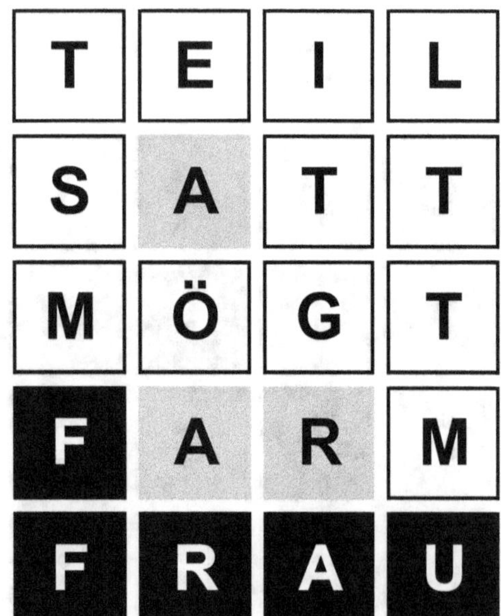

PUZZLE 40.

PUZZLE 41.

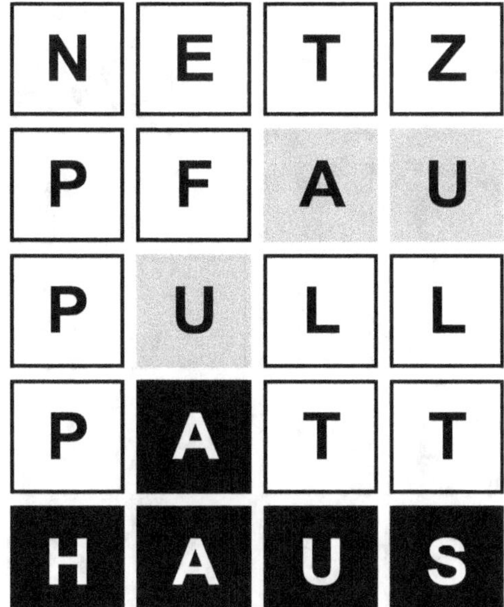

PUZZLE 42.

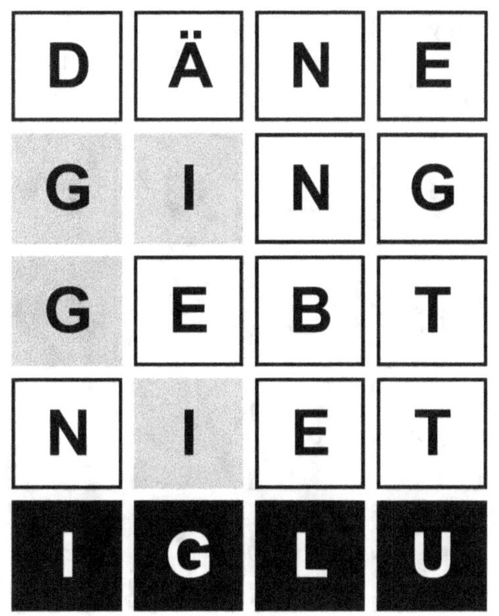

PUZZLE 43.

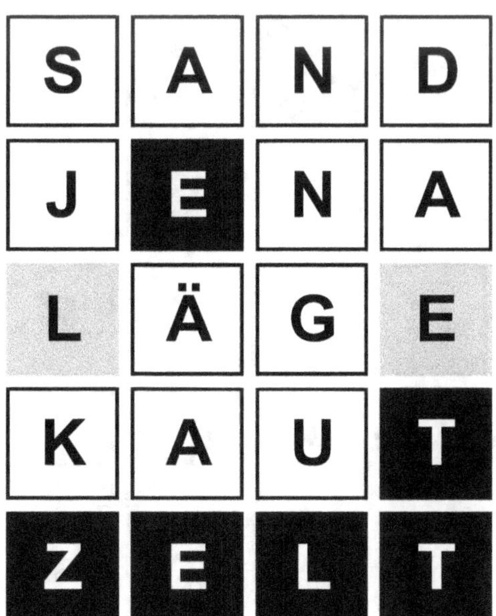

PUZZLE 44.

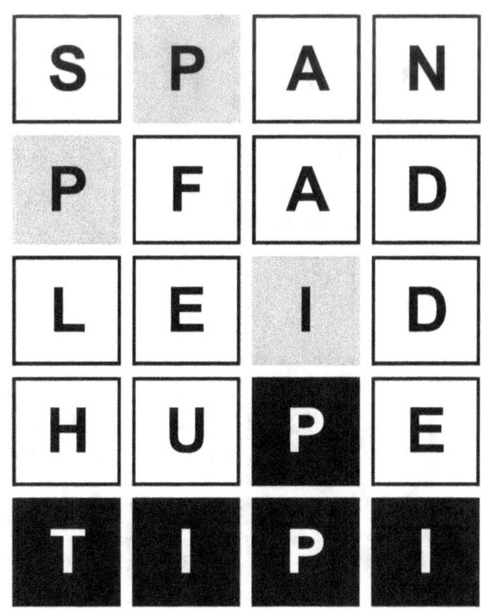

GELD

PUZZLE 45.

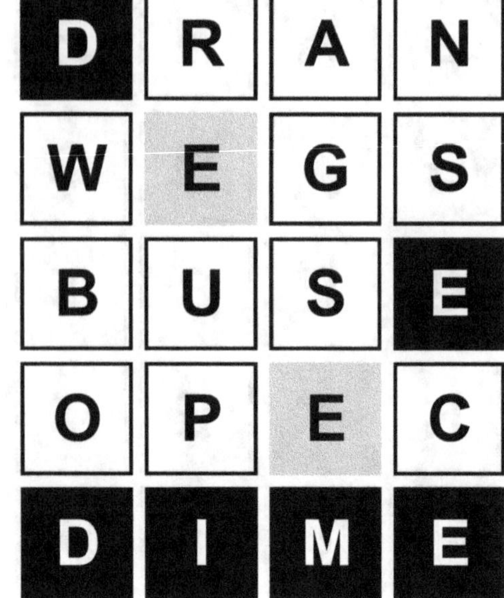

PUZZLE 46.

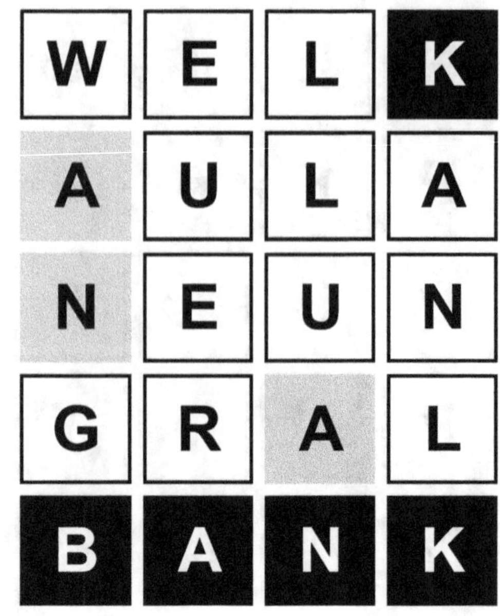

PUZZLE 47.

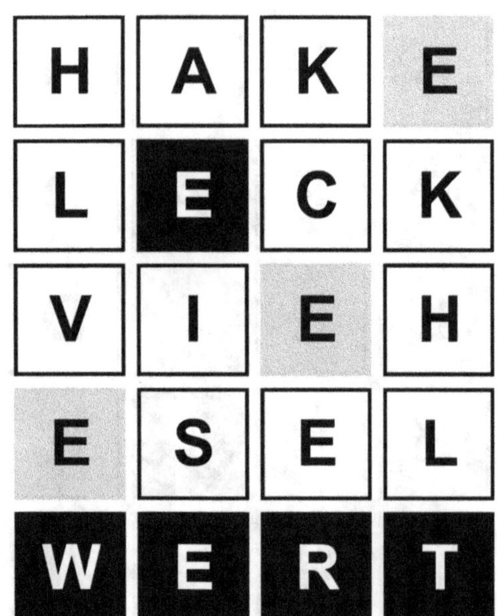

PUZZLE 48.

PUZZLE 49.

C	L	U	B
G	L	A	S
L	E	A	R
K	E	S	S
S	A	F	T

PUZZLE 50.

G	L	U	T
A	B	E	R
J	A	G	E
Z	O	O	M
W	A	R	M

PUZZLE 51.

D	I	E	S
T	O	N	S
W	E	I	T
G	A	B	T
K	E	I	L

PUZZLE 52.

K	O	M	M
F	L	O	G
F	O	R	D
Z	U	G	E
C	O	O	L

PUZZLE 53.

PUZZLE 54.

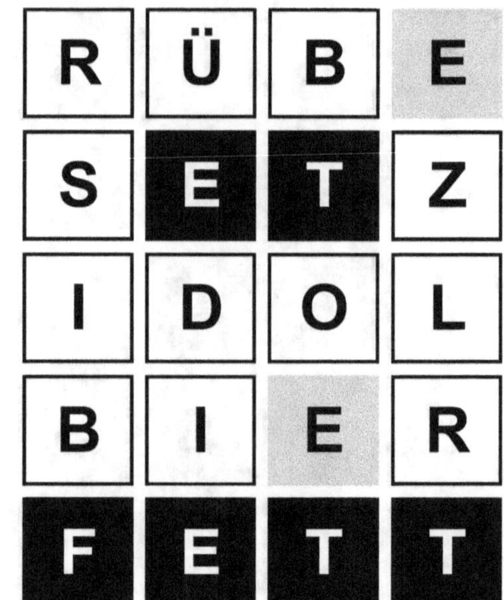

PUZZLE 55.

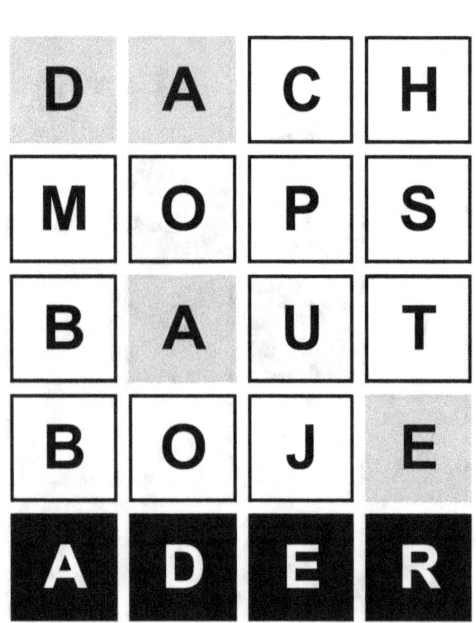

PUZZLE 56.

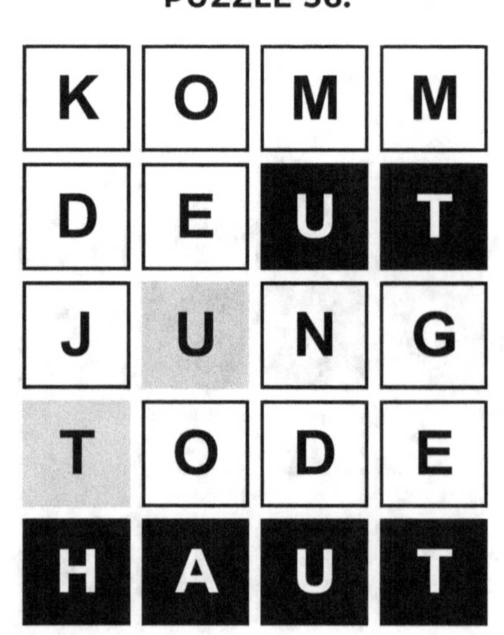

PUZZLE 57.

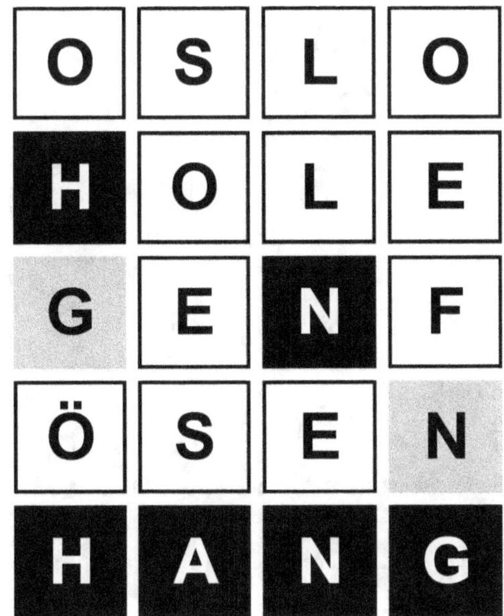

PUZZLE 58.

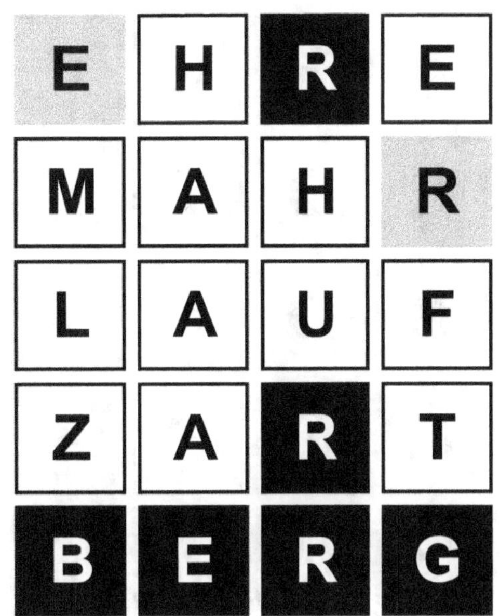

PUZZLE 59.

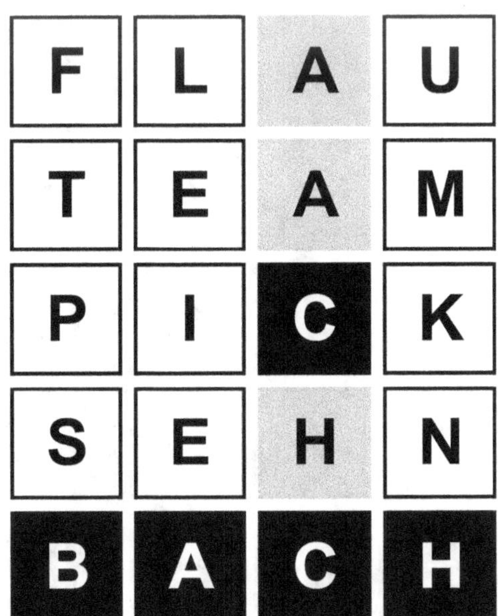

PUZZLE 60.

PUZZLE 61.

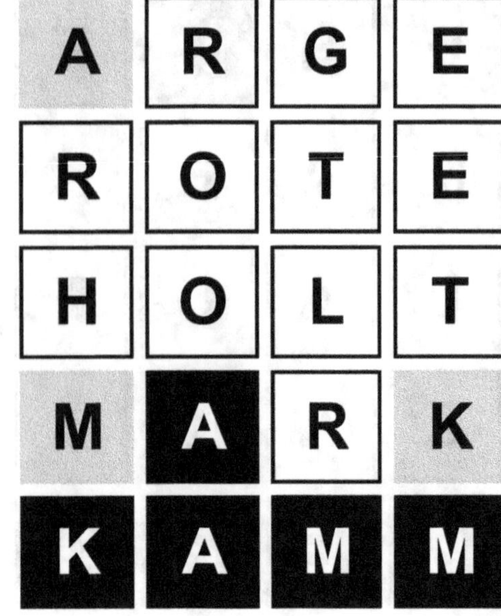

PUZZLE 62.

PUZZLE 63.

PUZZLE 64.

PUZZLE 65.

PUZZLE 66.

PUZZLE 67.

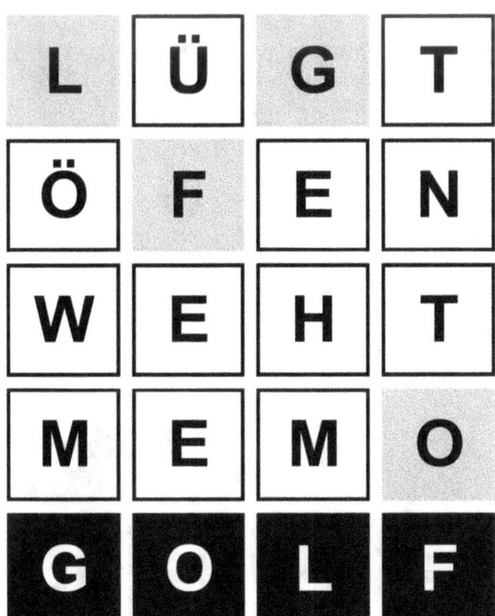

PUZZLE 68.

PUZZLE 69.

K	O	C	H
L	Ö	T	E
N	E	P	P
E	L	F	E
R	E	S	T

PUZZLE 70.

D	A	M	M
W	E	H	R
K	E	K	S
H	O	R	N
G	R	A	D

PUZZLE 71.

E	R	S	T
T	O	R	S
M	U	S	E
H	A	I	S
A	C	H	T

PUZZLE 72.

T	U	C	H
B	O	S	S
M	U	T	S
B	E	R	N
E	B	E	N

PUZZLE 73.

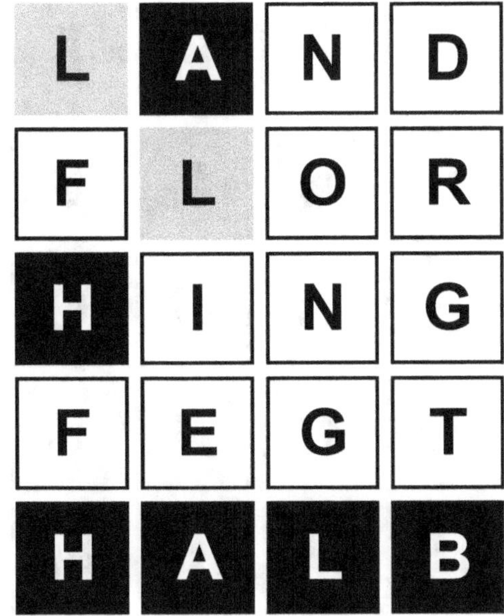

PUZZLE 74.

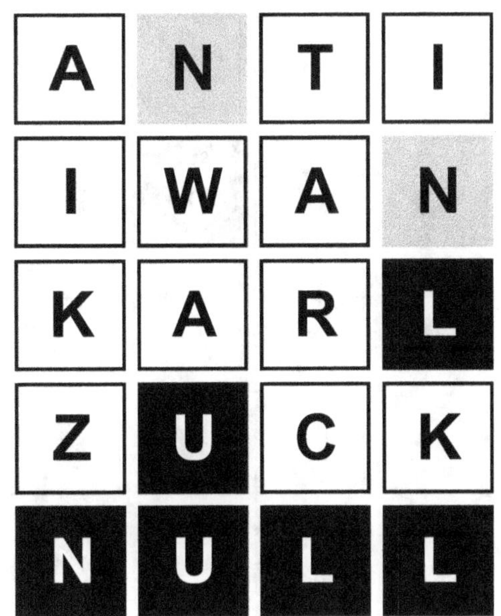

PUZZLE 75.

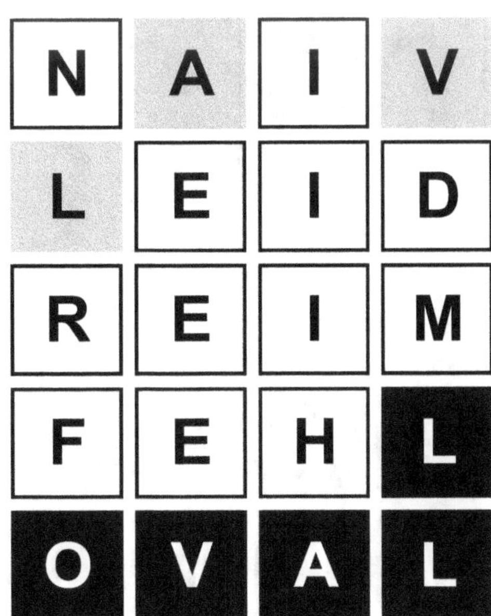

PUZZLE 76.

PUZZLE 77.

V	E	N	E
S	A	L	M
L	O	K	S
A	H	M	T
M	I	L	Z

PUZZLE 78.

W	A	H	L
P	U	L	S
H	U	G	O
O	C	H	S
B	L	U	T

PUZZLE 79.

O	L	E	G
H	A	K	E
B	I	E	L
L	Ü	G	T
H	E	R	Z

PUZZLE 80.

N	U	T	E
S	Ä	E	N
R	E	I	F
G	U	R	U
M	U	N	D

PUZZLE 81.

B	L	U	T
B	E	T	T
A	H	N	E
U	K	A	S
Z	A	H	N

PUZZLE 82.

D	O	C	H
I	N	C	H
I	R	A	N
L	E	H	M
K	I	N	N

PUZZLE 83.

A	H	M	T
Z	E	I	T
W	A	G	T
S	Ä	H	E
H	A	A	R

PUZZLE 84.

F	D	G	B
G	E	L	D
W	A	C	H
K	O	J	E
H	A	N	D

PUZZLE 85.

PUZZLE 86.

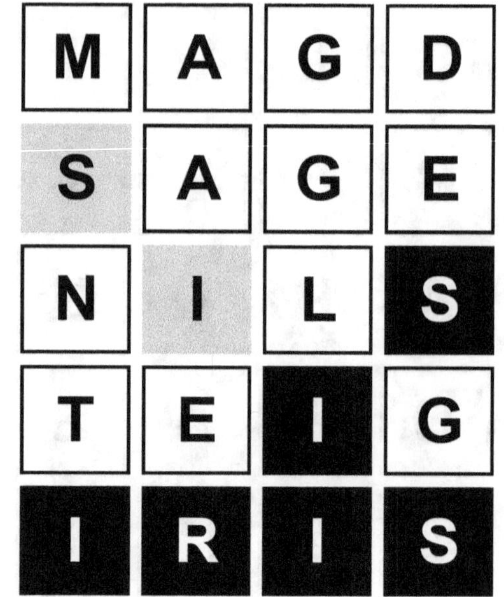

PUZZLE 87.

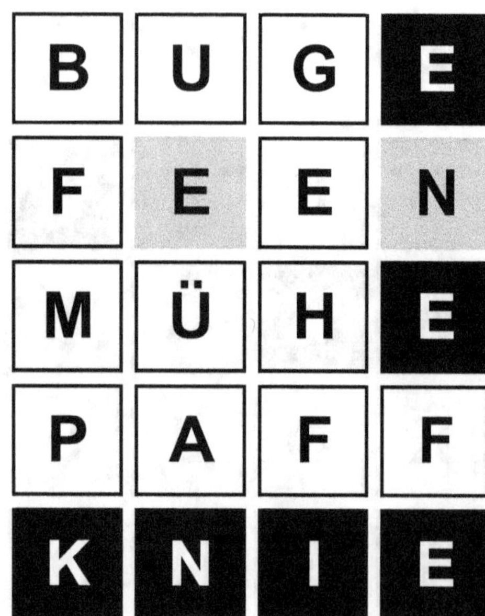

PUZZLE 88.

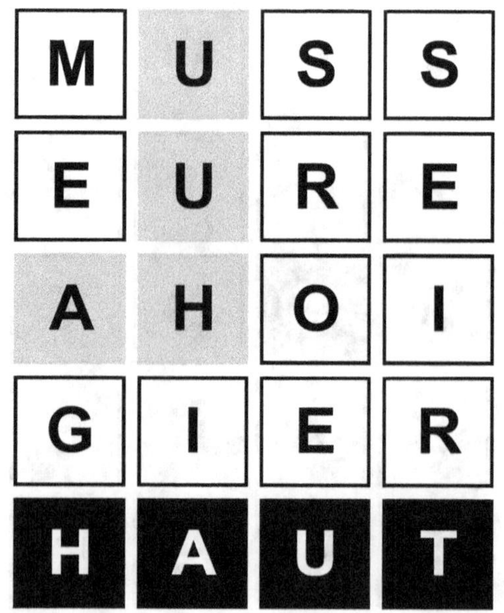

PUZZLE 89.

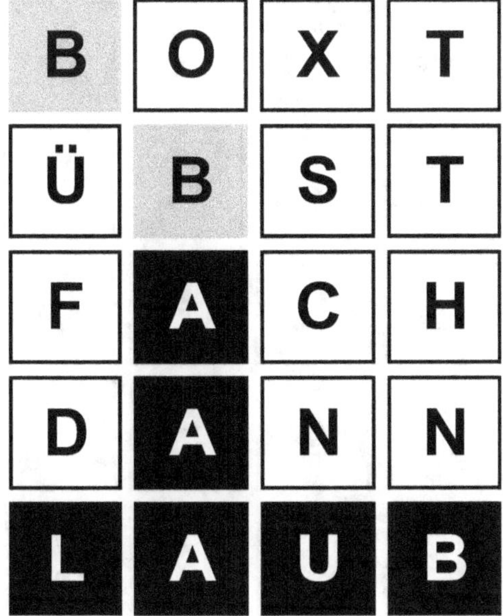

PUZZLE 90.

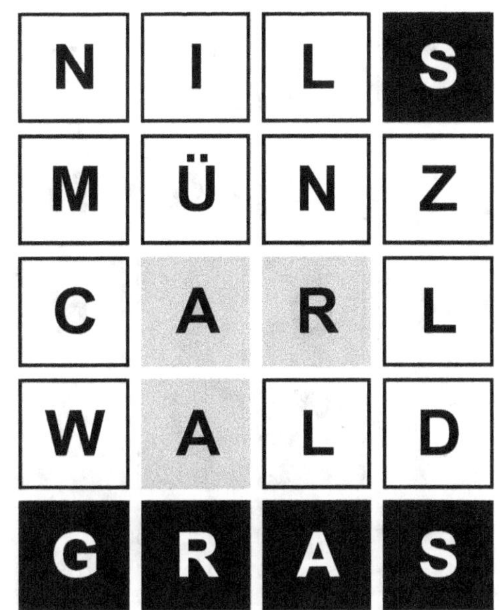

PUZZLE 91.

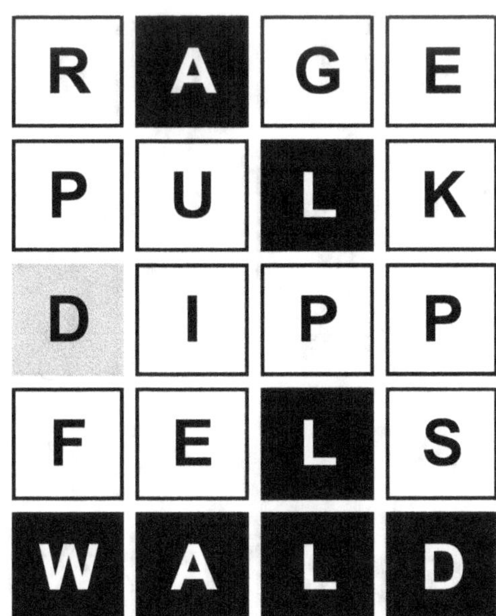

PUZZLE 92.

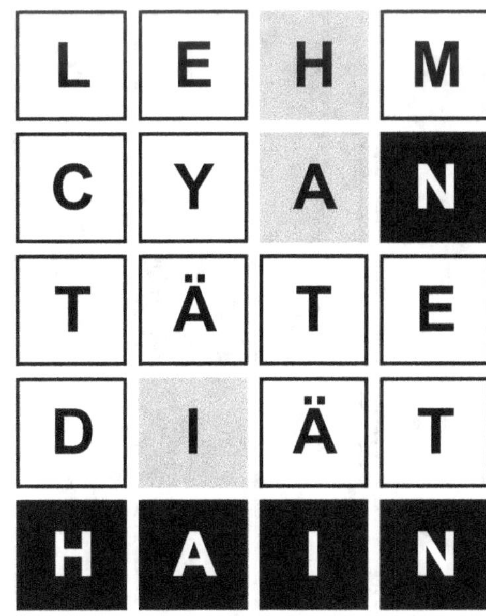

PUZZLE 93.

D	U	Z	T
I	W	A	N
K	Ö	L	N
R	A	U	B
H	A	R	Z

PUZZLE 94.

G	O	N	G
M	A	L	M
S	E	I	D
R	A	S	E
D	O	R	N

PUZZLE 95.

A	K	T	S
A	H	O	I
I	R	R	E
P	A	K	T
K	O	R	K

PUZZLE 96.

K	U	L	T
A	C	H	T
D	E	A	L
A	N	I	S
F	A	R	N

PUZZLE 97.

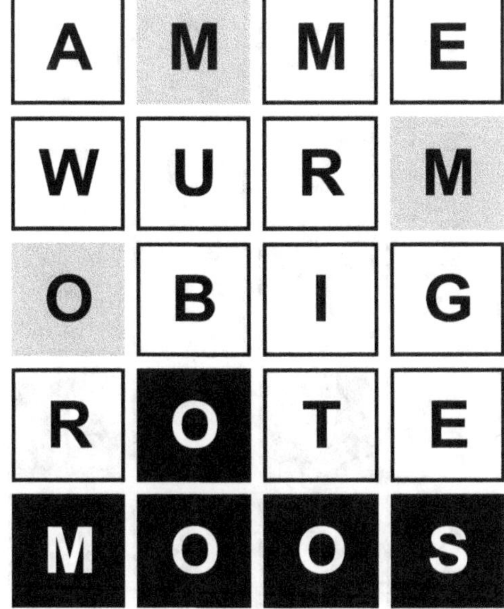

PUZZLE 98.

PUZZLE 99.

PUZZLE 100.

PUZZLE 101.

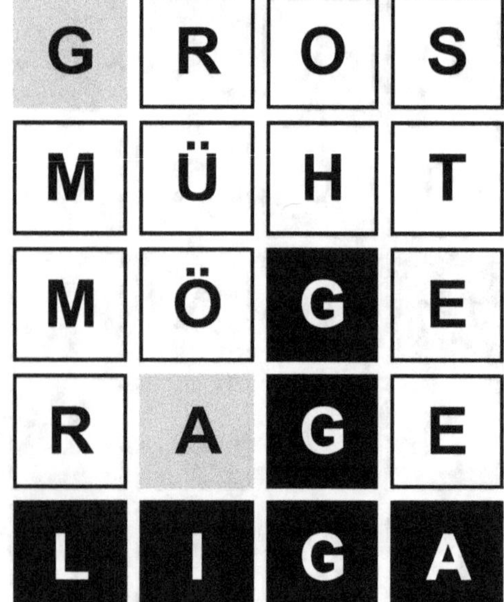

PUZZLE 102.

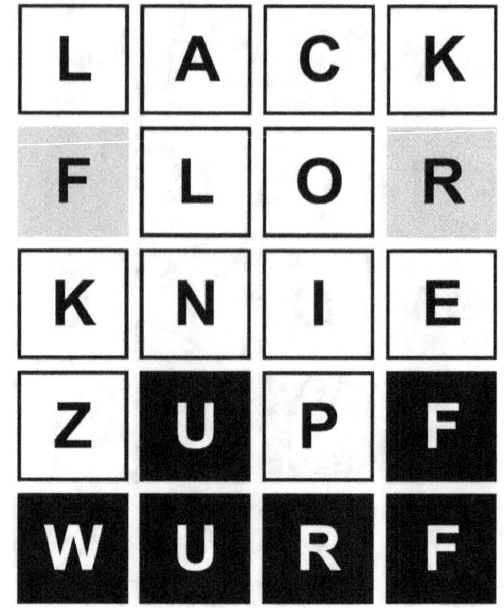

PUZZLE 103.

PUZZLE 104.

PUZZLE 105.

P	A	G	E
M	I	S	S
M	A	L	E
F	O	C	K
G	O	L	F

PUZZLE 106.

N	A	S	A
P	E	S	O
F	R	E	D
D	Ü	R	R
B	A	N	D

PUZZLE 107.

D	I	T	O
S	E	H	N
D	I	E	B
M	U	S	E
J	U	D	O

PUZZLE 108.

L	U	P	E
F	L	U	G
O	B	S	T
Ü	B	E	R
P	O	L	O

PUZZLE 109.

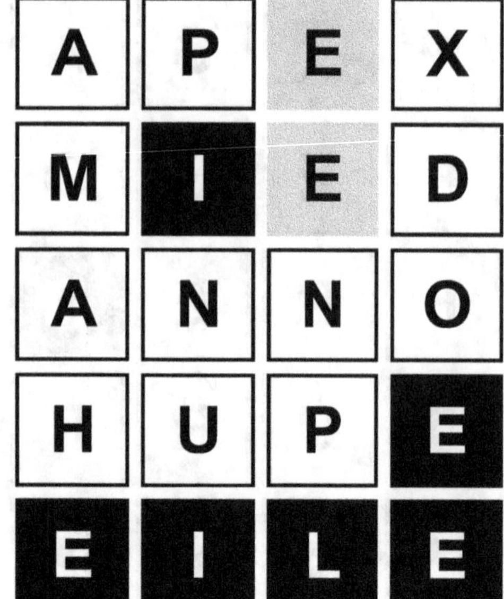

PUZZLE 110.

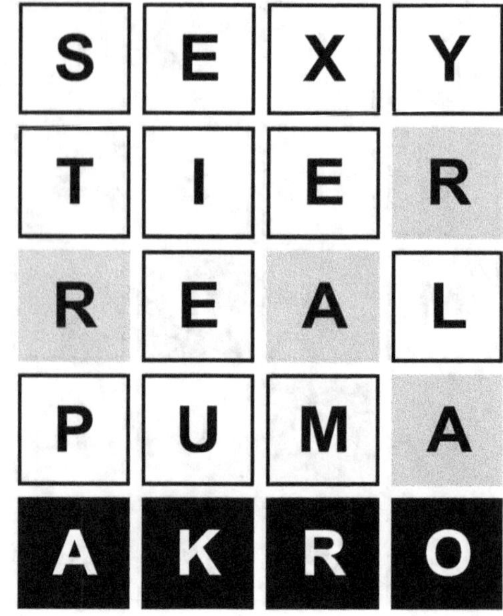

PUZZLE 111.

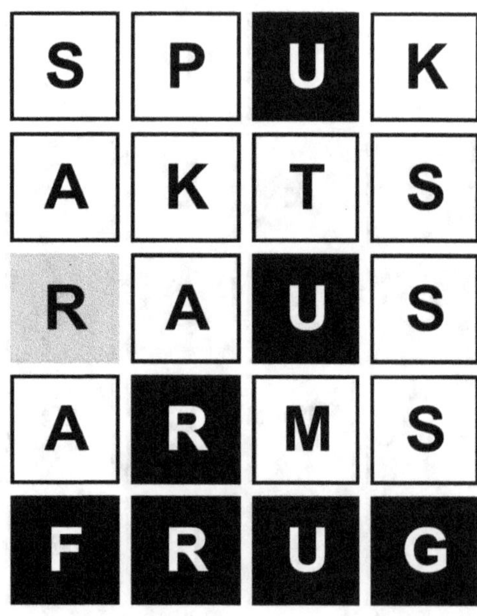

PUZZLE 112.

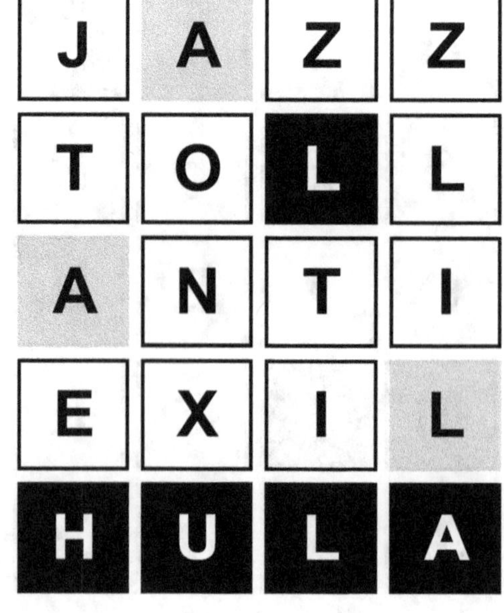

PUZZLE 113.

PUZZLE 114.

PUZZLE 115.

PUZZLE 116.

PUZZLE 117.

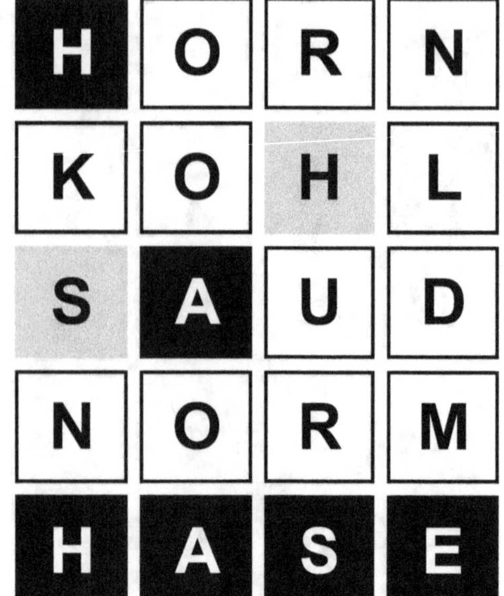

PUZZLE 118.

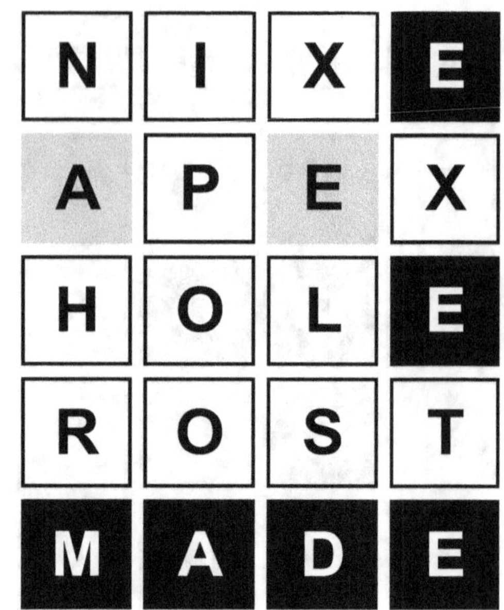

PUZZLE 119.

PUZZLE 120.

PUZZLE 121.

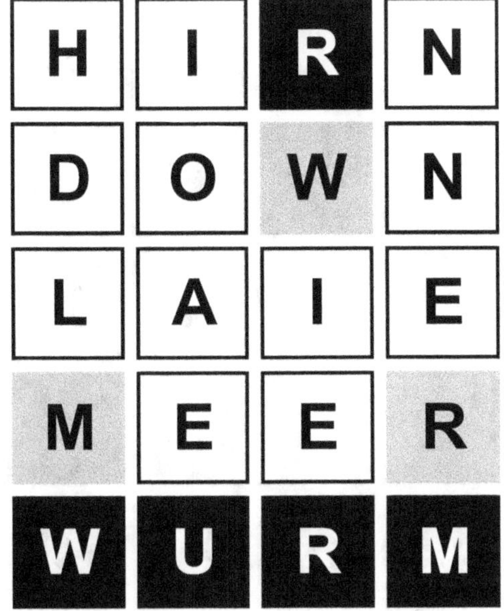

PUZZLE 122.

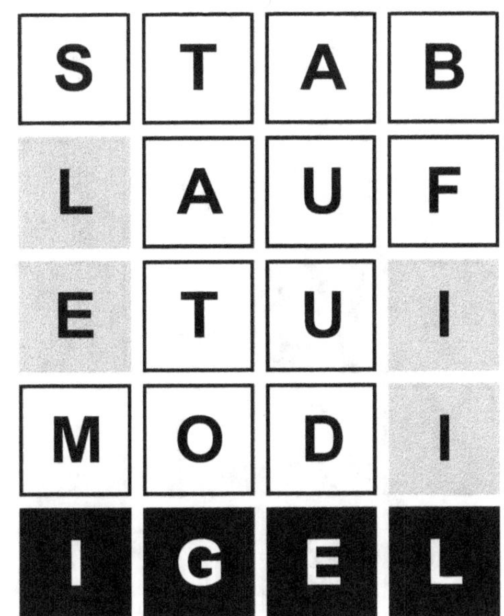

PUZZLE 123.

PUZZLE 124.

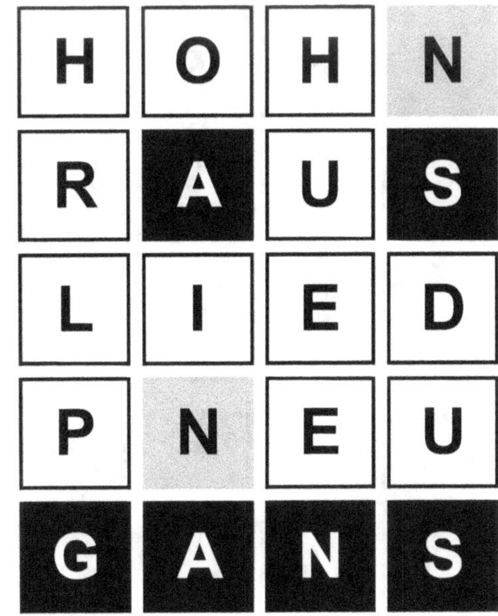

PUZZLE 125.

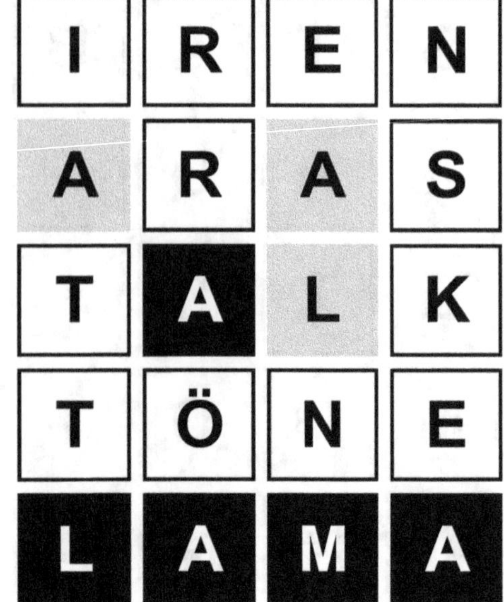

PUZZLE 126.

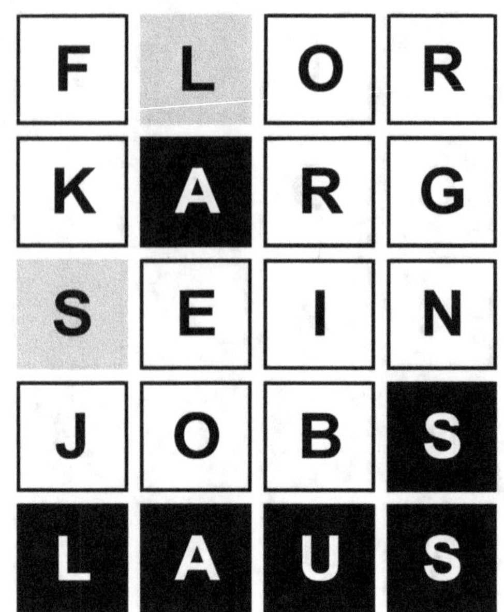

PUZZLE 127.

PUZZLE 128.

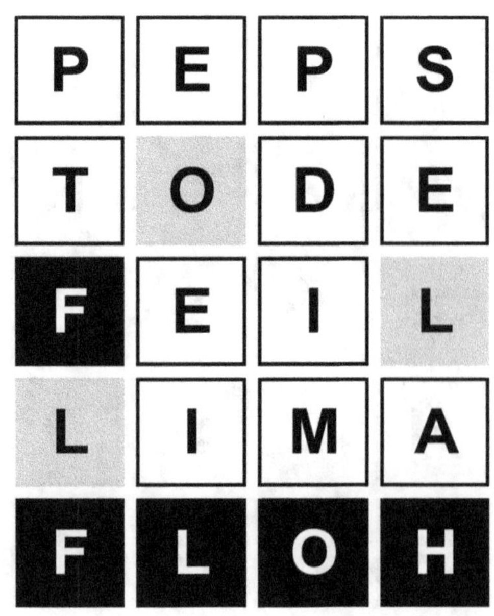

PUZZLE 129.

B	A	L	G
C	E	N	T
N	A	I	V
T	O	B	E
N	E	R	Z

PUZZLE 130.

S	A	T	T
I	S	S	T
K	R	I	M
S	P	U	K
P	U	M	A

PUZZLE 131.

S	P	A	R
T	I	P	S
F	I	E	L
M	I	E	S
A	F	F	E

PUZZLE 132.

L	O	B	E
S	L	I	P
F	A	S	S
F	E	E	N
E	N	T	E

PUZZLE 133.

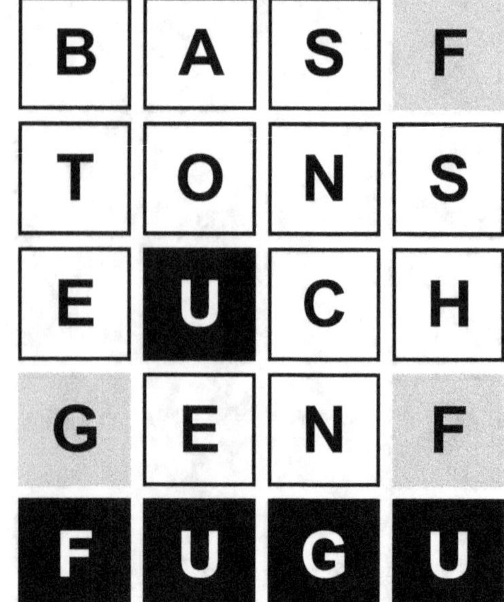

PUZZLE 134.

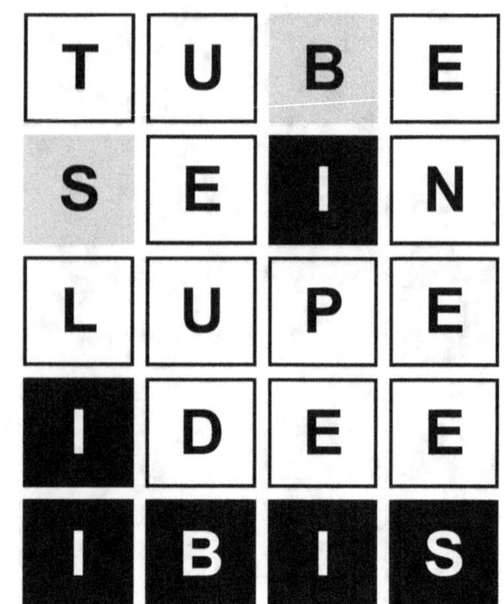

PUZZLE 135.

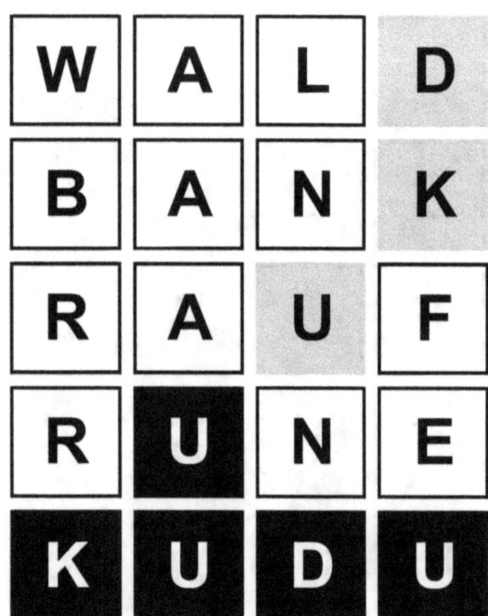

PUZZLE 136.

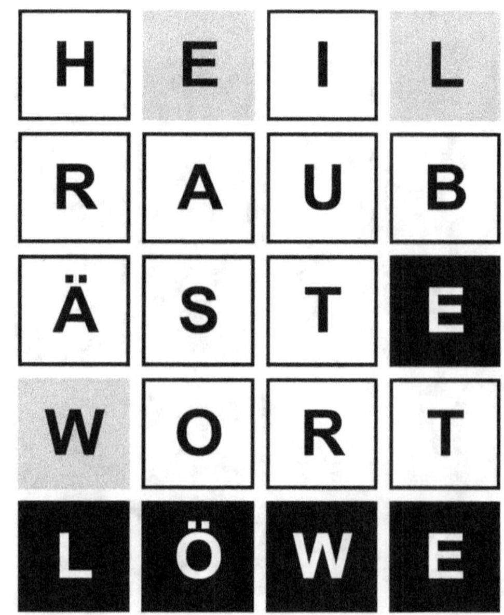

PUZZLE 137.

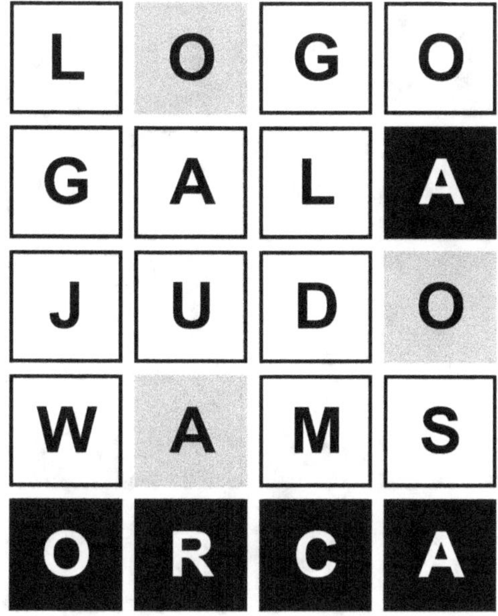

PUZZLE 138.

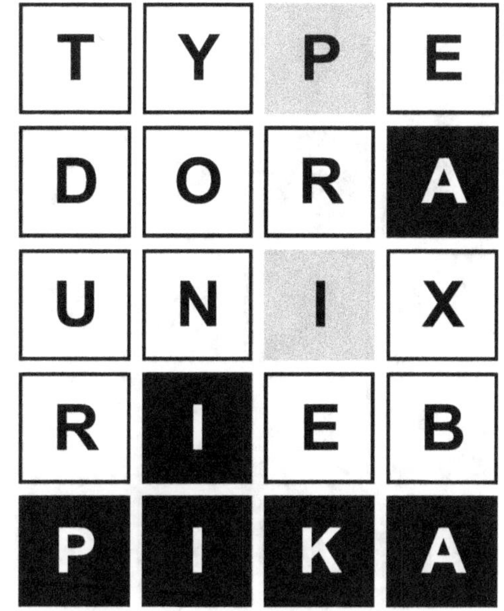

PUZZLE 139.

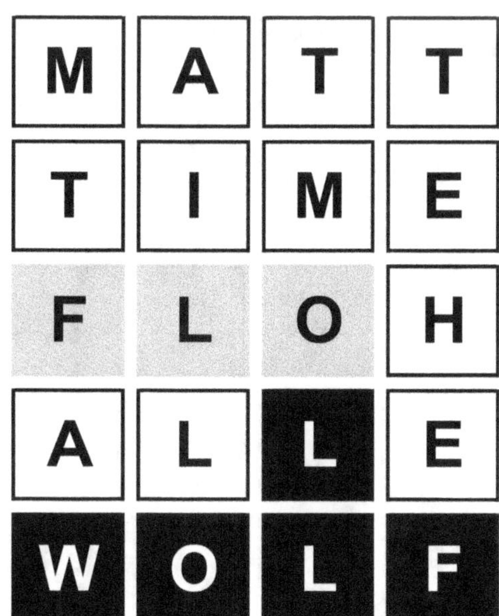

PUZZLE 140.

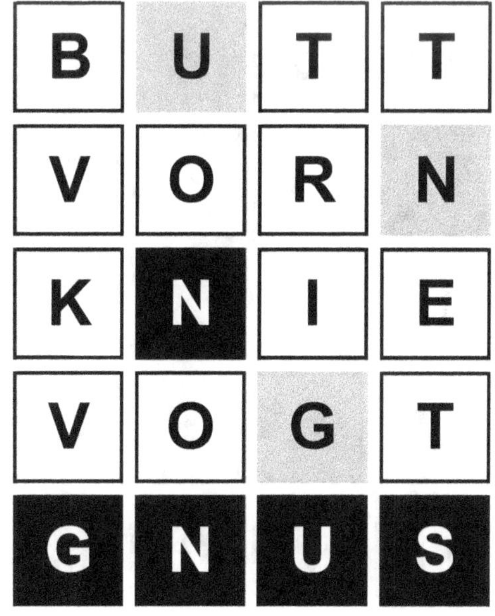

PUZZLE 141.

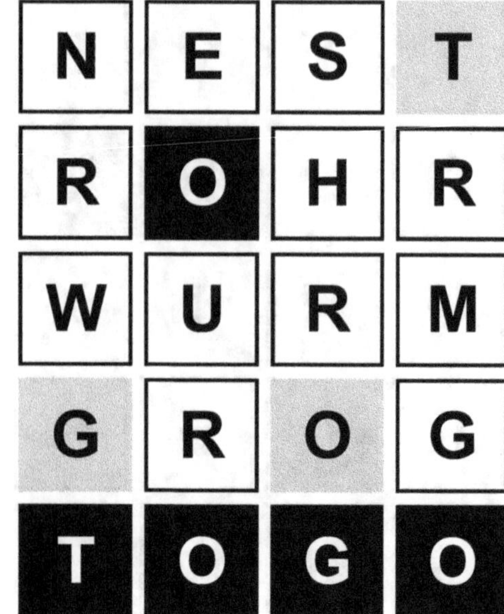

PUZZLE 142.

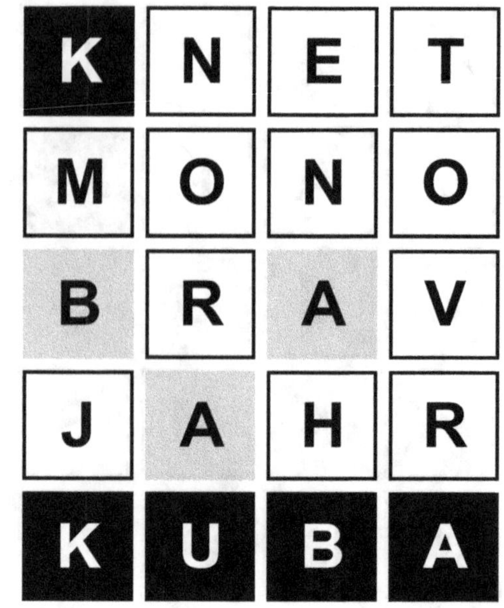

PUZZLE 143.

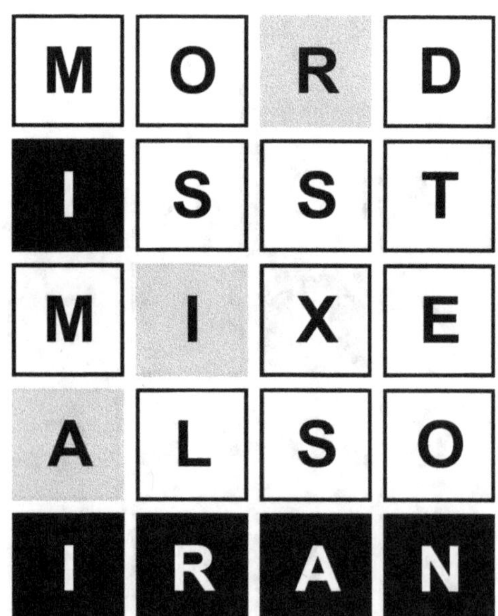

PUZZLE 144.

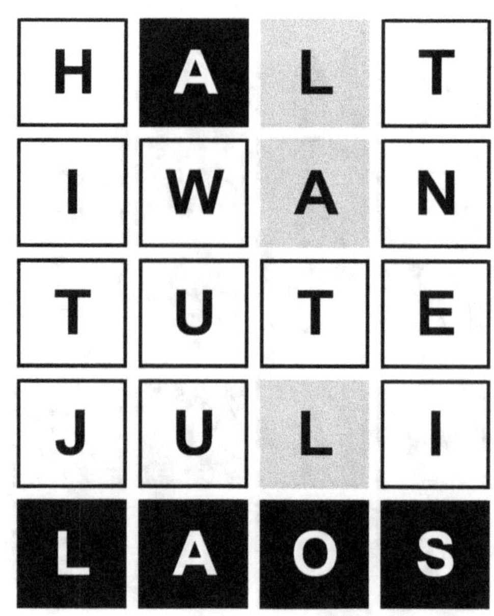

PUZZLE 145.

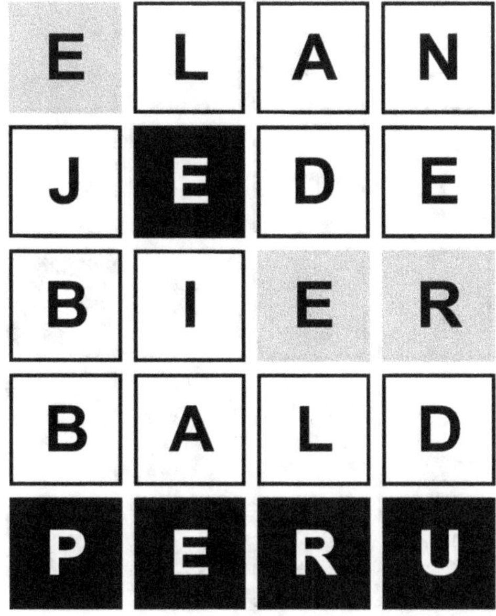

PUZZLE 146.

PUZZLE 147.

PUZZLE 148.

PUZZLE 149.

L	I	N	Z
B	I	T	S
S	M	O	G
M	Ü	H	E
F	E	S	T

PUZZLE 150.

S	E	E	S
L	E	I	D
F	I	X	T
S	T	A	B
K	A	L	T

PUZZLE 151.

S	A	N	D
H	Ä	L	T
Z	A	N	K
K	A	T	Z
K	Ü	H	L

PUZZLE 152.

L	A	U	T
B	E	N	N
L	O	G	O
A	U	L	A
G	A	S	T